Katja Enseling

Das KINDERLIEDER Bastelbuch

Bastelhits und Noten für meine Lieblingslieder

Inhalt

Auf der Mauer, auf der Lauer...

Na, hast du jetzt einen Ohrwurm? Dann kennst du also das Lied von der kleinen Wanze, die so lustig tanzen kann. Ich kann mich gut daran erinnern, dass es in meiner Kindheit immer für gute Laune gesorgt hat, wenn auf Spaziergängen Langeweile aufkam. Vor allem, wenn gerade eine Mauer in der Nähe war, auf der wir herumlaufen konnten. Auch meine Kinder haben das Lied geliebt und waren begeistert, wenn beim Rauf- und Runtersingen die Buchstaben verschwanden und wieder auftauchten – es ist so ein richtiger Mitmach-Hit!

Zusammen singen macht Spaß und verbindet, genauso wie das gemeinsame Basteln. Entdeckt in diesem Buch die lustigen Tiere und anderen Gestalten von euren Lieblingshits. Viele der Lieder haben mehrere Strophen. Kennst du sie schon alle? Ich war ganz überrascht, dass sich in dem Lied „Alle meine Entchen" nicht nur Entchen tummeln, sondern auch Hühnerchen und andere Federtiere.

Mit diesem Buch kannst du dich durch das ganze Jahr singen und basteln. Du findest kunterbunte Ideen zum Spielen, Verkleiden und Verschönern deines Zimmers. Dabei kommen ganz unterschiedliche Materialien zum Einsatz. Viele davon kannst du sogar selbst sammeln. Eine ordentliche Portion Glitzer darf natürlich auch nicht fehlen. Zaubere dir den Frühling herbei, streite mit Kuckuck und Esel um den ersten Platz beim Gesangswettbewerb oder klappere mit der Mühle am rauschenden Bach um die Wette.

Viel Spaß beim Basteln und Musizieren!

Katja Enseling

schnell & einfach

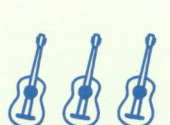

braucht etwas Übung

für Anspruchsvolle

Was du brauchst

Für den Anfang

UHU Bastelkleber und Klebestift
UHU Alleskleber Kraft
Acrylfarben
Wasserfarben
Papiertrinkhalme
Washi Tape
Glitter

Papier und Pappe

Krepppapier

Dieses Papier ist extrem vielseitig und weil es
so dünn ist, kannst du davon gut mehrere Lagen
gleichzeitig zuschneiden. Es ist dehnbar, aber
nur in eine Richtung. Willst du etwas mit einem
Streifen umwickeln, schneidest du diesen an einem
Ende der großen Rolle ab, sodass du eine kleine,
schmale Rolle erhältst. Aus einem Streifen, den du
parallel zur Rolle schneidest, lassen sich zum Beispiel Blütenstängel oder Spinnenbeine drehen.

Tonpapier und Tonkarton

Zum Basteln ist dieses Papier super geeignet. In
diesem Buch brauchst du meistens nur kleinere
Stücke. Selbst winzige Reste können für Konfetti
oder bunte Streusel verwendet werden. Sammle
bunte Reste in einer Schnipselkiste, dann hast du
immer einen Vorrat.

Kartonpappe

Damit ist die dickere Pappe von Pappkartons
gemeint. Versandkartons sind ein prima Material,
das gar nichts kostet.

Dünne Pappe

Für einige Bastelprojekte aus diesem Buch
brauchst du dünne braune Pappe. Schau am besten
mal bei eurem Altpapier nach. Da gibt es sicher
braune Versandtaschen oder Kartons von Müsli
oder Nudeln.

Praktische Werkzeuge

Bleistift und Lineal
Haar- und Borstenpinsel, Größe 2 bis 10
Heißklebepistole
Schere und Nagelschere
Cutter mit Schneideunterlage
Motivlocher: Herz, Stern und Kreis
Kastanienbohrer
Prickelnadel
Schaschlikstäbchen und Zahnstocher
kleine Kombizange

Sammlerglück

Korken
Eierkartons
Klopapierrollen
bunte Plastikdeckel
Kronkorken
Konservendosen
Obst- und Gemüsenetze
Teelichthülsen
Eisstiele

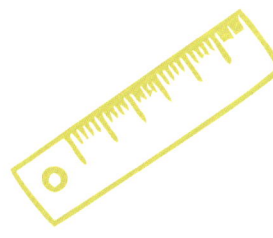

WICHTIG

Lass dir von einem Erwachsenen assistieren, wenn du die
Heißklebepistole, Kraftkleber
oder den Cutter benutzt!

So wird's gemacht

Grundieren und Bemalen

Acrylfarben

Zum Arbeiten mit Acrylfarbe den Arbeitsplatz abdecken und am besten in einen Malkittel schlüpfen! Bei bedruckten Materialien wie Getränkekartons, Pappschachteln oder Pappmaché-Arbeiten solltest du zuerst mit weißer Farbe grundieren, damit die Farbschicht gleichmäßig wird. Danach ein bis zwei Farbschichten auftragen, dann leuchten deine Farben!

TIPP

Wenn du die Wartezeit zwischen den einzelnen Farbaufträgen verkürzen möchtest, kannst du einen Fön zur Hilfe nehmen! Wichtig ist, dass du die Temperatur niedrig einstellst und den Fön nicht zu nah an die Farbe hältst.

Klarlack

Mit Klarlack schützt du Objekte aus luftgetrockneter Modelliermasse oder Pappmaché. Klarlack auf Wasserbasis kannst du einfach mit einem sauberen Pinsel auftragen.

Große Flächen

Zerschneide einen Haushaltsschwamm in vier oder sechs Stücke. Mit diesen Schwämmchen kannst du leicht größere Flächen grundieren.

Kleine Details

Nimm Schaschlikstäbchen oder Zahnstocher, um winzige Gesichter aufzumalen. Wattestäbchen sind prima, um gleichmäßige Punkte zu tupfen.

Pappmaché

Mehlkleisterrezept

1 Tasse Mehl, 1 Tasse warmes Wasser und 1 Teelöffel Salz verrühren, fertig! Der Kleister ist ungiftig und sofort einsatzbereit.

Glitzer

Glitterkiste

Glitter landet schnell überall. Benutze darum eine Glitterkiste. Das kann eine flache Schachtel, alte Keksdose oder ein Kunststoffbehälter sein. Wenn du Sachen über oder in deiner Kiste beglitterst, geht nichts verloren!

Beglittern

Glitter kannst du direkt auf noch nasse Acrylfarbe streuen. Oder aber Flächen mit durchsichtig trocknendem Holzleim, Bastelkleber oder Klarlack einpinseln und den Glitter darauf streuen. Gut trocknen lassen.

**TIPP**

Ein kleiner Salzstreuer eignet sich wunderbar als Glitterstreuer!

Nähen und Sticken

Heftstich

Binde einen Knoten in das Fadenende. Die Nadel von unten durch den Stoff stechen und den Faden bis zum Knoten durchziehen. Dann von oben nach unten durch den Stoff stechen und kurz danach wieder nach oben und immer so weiter. Am Ende nähst du den Faden mit ein paar Stichen auf der Stelle fest.

Steppstich

Beginne wie beim Heftstich. Nach dem ersten Stich, die Nadel am Ende vom vorigen Stich nach unten durchstechen und etwas weiter vorn wieder nach oben und immer so weiter. Am Ende nähst du den Faden mit ein paar Stichen auf der Stelle fest.

Dosen

Biege die scharfe Kante in der Dose nach unten, damit du dich nicht verletzen kannst. Dazu fährst du mit einem Dosenöffner am Dosenrand entlang. Wenn die Kante sich so nicht komplett umbiegen lässt, dann drück mit einer Kombizange alles platt.

Es tanzt ein Bi-Ba-Butzemann

1. Strophe aus „Des Knaben Wunderhorn",
übrige Strophen unbekannt

W. A. Müller

Refrain Es tanzt ein Bi - Ba - But - ze - mann um un - sern Kreis he - rum, fi - di - bum!

rum. 1. Er rüt - telt sich, er schüt - telt sich und wirft sein Säck - lein

hin - ter sich. Es tanzt ein Bi - Ba - But - ze - mann in un - serm Kreis he - rum.

Refrain: Es tanzt …

2. Er wirft sein Säcklein her und hin,
   Was ist wohl in dem Säcklein drin?
   Es tanzt ein Bi-Ba-Butzemann
   In unserm Haus herum.

Refrain: Es tanzt …

3. Er bringt zur Nacht dem guten Kind
   Die Äpfel die im Säcklein sind.
   Es tanzt ein Bi-Ba-Butzemann
   In unserm Haus herum.

Refrain: Es tanzt …

4. Er wirft sein Säcklein hin und her,
   Am Morgen ist es wieder leer.
   Es tanzt ein Bi-Ba-Butzemann
   In unserm Haus herum.

Gute-Laune-Säckchen

zum Verschenken

Material

Material

- ♪ alte Kinderjeans
- ♪ Nähgarn in Blau
- ♪ 40 Pompons in Bunt, ø 7 mm
- ♪ Karoband, 10 mm breit, 50 cm lang
- ♪ UHU Bastelkleber
- ♪ Nagelschere
- ♪ Stecknadeln
- ♪ Nähnadel
- ♪ Sicherheitsnadel

1 Im Nu wird aus deiner kaputten Jeans ein hübsches Säckchen. Schneide dafür von einem Hosenbein ein 17 cm langes Stück ab. Drehe es auf links und stecke die Kante der abgeschnittenen Seite mit ein paar Stecknadeln aufeinander. Dann nähst du sie mit dem Steppstich zusammen. An den Ecken wie auf dem Bild schräg einschneiden.

2 Nun das Säckchen wenden. Um das Band durch den Saum zu fädeln, schneide mit der Nagelschere an einer der Seitennähte einen 1 cm langen Schlitz. Befestige die Sicherheitsnadel an einem Ende des Karobandes und ziehe es durch den Saum. Verbinde die Enden des Bandes mit einem Knoten.

3 Verziere dein Säckchen mit kunterbunten Pompons, die du einfach mit einem Tropfen Bastelkleber befestigst.

Cool, jetzt weißt du immer, was du mit kaputten Jeanshosen machen kannst! Wenn du magst, nähe aus dem zweiten Hosenbein gleich noch ein Säckchen!

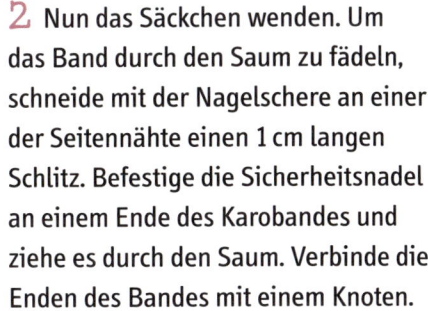

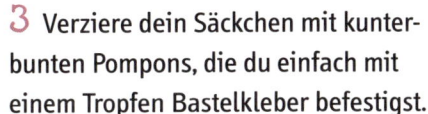

Hüpfspaß ohne Ende

tanzender Zwerg

Material

♪ gemusterter Pappbecher

♪ 2 Papiertrinkhalme

♪ Pappstück, 10 cm breit, 16 cm lang

♪ Filz in Grün, ca. A5

♪ Stoffrest, 10 x 10 cm

♪ Acrylfarbe in Hautfarbe und Schwarz

♪ Pompon in Grün, ø 10 mm

♪ etwas Füllwatte

♪ Garnstück, 40 cm lang

♪ Wolle in Orange

♪ transparenter Gummifaden, ø 0,5 mm, 60 cm lang

♪ Gummiring

♪ Holzperle, ø 10 mm

♪ Holzperle, ø 16 mm

♪ Glöckchen, 1,5 x 1 cm

♪ UHU Bastelkleber

♪ Heißklebepistole

♪ Sticknadel, spitz

Vorlagen Seite 111

1 Male dem Pappbecher ein hautfarbenes Gesicht und tupfe schwarze Augen auf. Ist die Farbe trocken, klebe eine kleine Pompon-Nase ins Gesicht.

2 Für den Bart umwickle die kurze Seite des Pappstücks mit Wolle. Nimm den Wollring vorsichtig von der Pappe und binde ihn in der Mitte mit einem Faden zusammen. Schneide die Wollschlaufen ringsum auf. Die Haare machst du genauso, umwickle dafür aber die lange Seite der Pappe.

3 Bart und Haare mit Heißkleber an den Becher kleben und etwas „frisieren". Dann den Gummifaden mit der Sticknadel mittig durch Haarpracht und Becher piksen. Am unteren Fadenende die kleine Holzperle festbinden.

4 Als Nächstes schneide nach Vorlage Handschuhe, Stiefel und Zipfelmütze zu. Klebe die Mütze mit Heißkleber zusammen und fädle sie, das Glöckchen und die große Holzperle mithilfe der Sticknadel auf den Gummifaden. Verknote den Faden an der Perle. Mit etwas Heißkleber am inneren Rand der Mütze klebst du sie auf die Haare.

TIPP

Der Butzemann ist superlustig, aber etwas kniffelig. Suche dir am besten einen erwachsenen Assistenten. Zusammen packt ihr das!

5

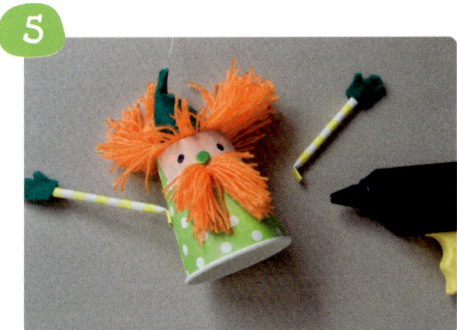

6

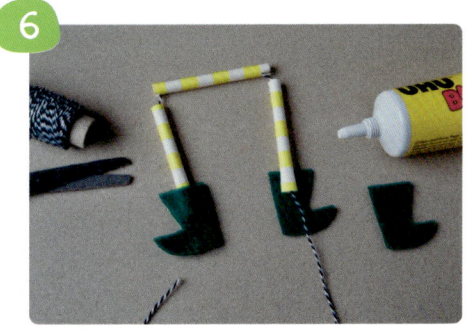

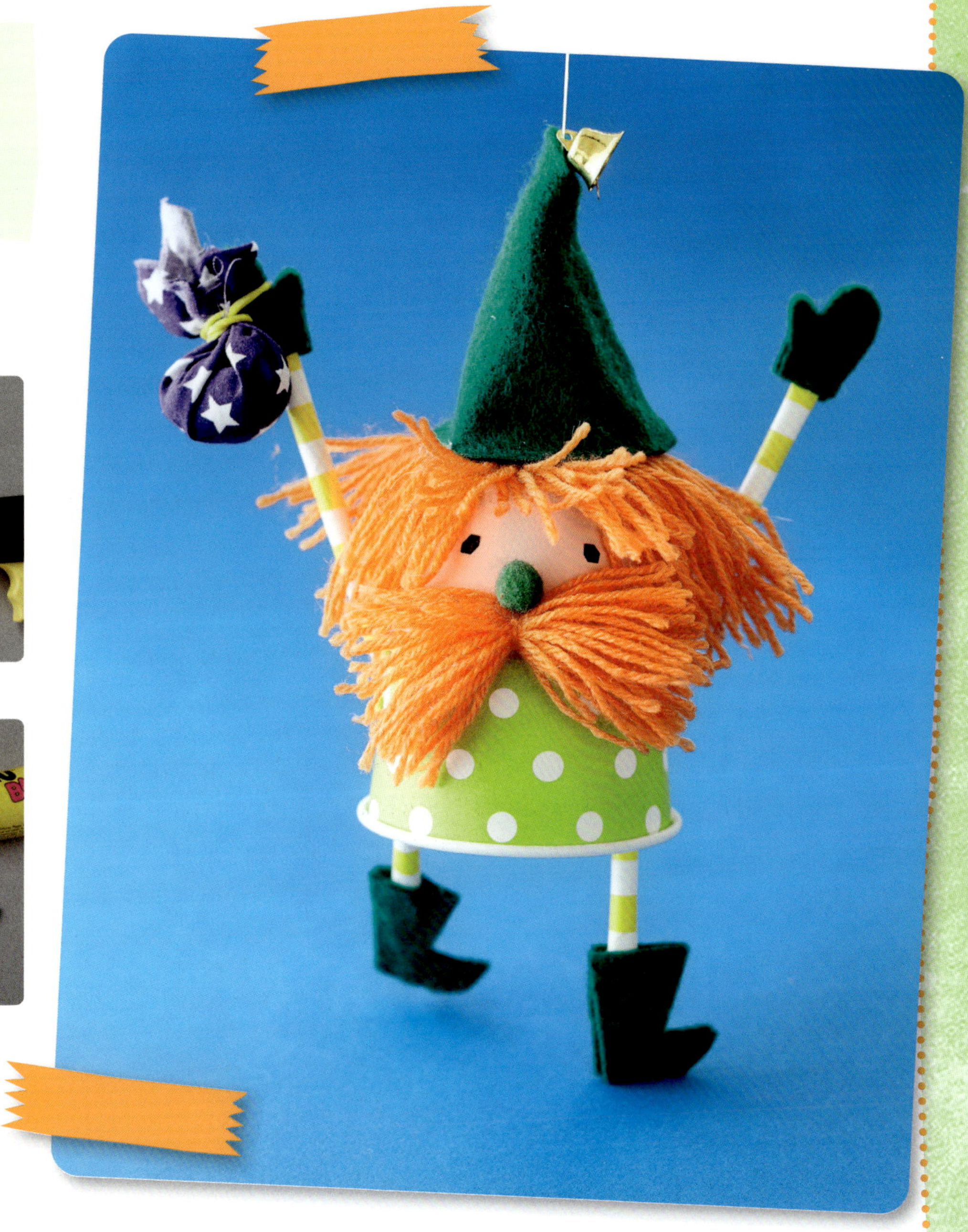

5 Für die Arme schneide einen Trinkhalm in der Mitte durch. Drücke je ein Ende platt und klebe die Filzhandschuhe an. Nun lege beide Hälften mit den Händen nach oben an den Zwerg. Zum Befestigen die unteren Enden als Klebefläche 1 cm breit umknicken und mit Heißkleber anbringen.

6 Jetzt die Beine: teile den anderen Trinkhalm in drei gleiche Stücke. Schneide in ein Stück zwei kurze, gegenüberliegende Schlitze. Fädle das Garnstück hindurch und klemme es in die Schlitze. Dann fädle auf jedes Garnende ein Trinkhalmstück. Gib in die unteren Halmenden einen Tropfen Kleber, drücke sie platt und klebe hinten und vorne Stiefel an.

7 Die schlackernden Beine mit Heißkleber im Becher festkleben. Natürlich braucht der Butzemann noch ein Säckchen. Lege etwas Watte auf das Stoffquadrat und verdrehe es zu einem Säckchen. Wickle den Gummiring einige Male drumherum. Dann hänge es dem Zwerg an die Hand.

Auf der Mauer, auf der Lauer

Volkslied (19. Jhdt.)

1. Auf der Mau - er, auf der Lau - er sitzt 'ne klei - ne Wan - ze.

Auf der Mau - er, auf der Lau - er sitzt 'ne klei - ne Wan - ze.

Seht euch mal die Wan - ze an, wie die Wan - ze tan - zen kann.

Auf der Mau - er, auf der Lau - er sitzt 'ne klei - ne Wan - ze.

2. |: Auf der Mauer, auf der Lauer
sitzt 'ne kleine Wanz :|
Seht euch nur die Wanz an
wie die Wanz tanz kann!
Auf der Mauer, auf der Lauer
sitzt 'ne kleine Wanz

3. |: Auf der Mauer, auf der Lauer
sitzt 'ne kleine Wan :|
Seht euch nur die Wan an
wie die Wan tan kann!
Auf der Mauer, auf der Lauer
sitzt 'ne kleine Wan

4. |: Auf der Mauer, auf der Lauer
sitzt 'ne kleine Wa :|
Seht euch nur die Wa an
wie die Wa ta kann
Auf der Mauer, auf der Lauer
sitzt 'ne kleine Wa

5. |: Auf der Mauer, auf der Lauer
sitzt 'ne kleine W :|
Seht euch nur die W an
wie die W t kann
Auf der Mauer, auf der Lauer
sitzt 'ne kleine W

6. |: Auf der Mauer, auf der Lauer
sitzt 'ne kleine ... :|
Seht euch nur die ... an
wie die ... ... kann!
Auf der Mauer, auf der Lauer
sitzt 'ne kleine ...

Schreibtisch-Mauerwerk

Stiftehalter mit Wanze

Material

♪ Getränkekarton, quadratischer Boden

♪ Holzscheibe, ø ca. 5 cm

♪ Jutegarn, ø 3 mm, 40 cm lang

♪ Acrylfarbe in Weiß, Rot, Hellgrün, Grün und Schwarz

♪ Klarlack

♪ UHU Bastelkleber

♪ Borstenpinsel, Größe 8

♪ Haarpinsel, Größe 2

♪ Kombizange

♪ Prickelnadel

♪ Küchenmesser

1 Grundiere den Getränkekarton in Weiß. Trocknen lassen und danach rot anmalen. Wieder trocknen lassen. Lege den Karton längs hin, sodass eine Seite mit Mulde die Oberseite der Mauer bildet. Darin kannst du später Anspitzer oder Radiergummi aufbewahren. Jetzt male mit dem Haarpinsel die Mauerfugen auf. Sind diese trocken, trage eine schützende Schicht Klarlack auf.

2 Während die Mauer trocknet, bereitest du die Wanze vor. Bemale dafür den oberen Teil der Holzscheibe als Kopf in Hellgrün und den Rest in Grün. Kurz trocknen lassen und dann kannst du schon das Gesicht und die bunten Striche aufmalen. Wieder trocknen lassen und danach mit Klarlack bepinseln.

3 Für Arme, Beine und Fühler schneide das Jutegarn in acht gleich große Stücke und male es schwarz an. Ist die Farbe getrocknet, drücke jeweils ein Garnende mit der Kombizange platt, damit du die Teile besser ankleben kannst. Nun klebe deiner Wanze Arme, Beine und Fühler an. Kürze sie, wenn nötig und biege sie in Form.

4 Klebe die Wanze oben links auf die Mauer. Bohre daneben dreizehn Löcher für deine Stifte. Zeichne sie am besten vorher an. Dann stichst du sie mit der Prickelnadel vor und erweiterst die Löcher vorsichtig mit einem spitzen Bleistift. Hinter der Wanze pikse mit dem Messer einen Schlitz für deine Schere, dabei sollte dir ein Erwachsener assistieren. Fertig!

Tanzender Wanzenchor

Schachteln mit Schiebe-Buchstaben

Material

♪ 5 Streichholzschachteln

♪ 5 halbe Pistazienschalen

♪ 3 Papiertrinkhalme

♪ 5 Holzperlen in Hellblau, ø 10 mm

♪ Zahnstocher

♪ Permanentmarker in Weiß

♪ Acrylfarbe in Rot, Hellblau, Schwarz und Wunschfarben

♪ UHU Bastelkleber

♪ Haarpinsel, Größe 2

♪ Borstenpinsel, Größe 8

1 Lege die Hüllen der Streichholzschachteln hochkant vor dich hin. Male oben einen hellblauen Himmel und unten eine rote Mauer. Trocknen lassen und dann mit dem weißen Permanentmarker die Mauerfugen aufmalen.

2 Als Nächstes bemale das Innere der Streichholzschachteln in Wunschfarben. Kurz trocknen lassen. Anschließend in Rot die Buchstaben aufpinseln.

3 Grundiere passend zu den Schachteln die Pistazienschalen für die Wanzen: oben in Bunt und unten in Schwarz. Lasse die Farbe trocknen und klebe die Schalen auf die Schachteln, bevor du weitermalst.

4 Tupfe mit dem Zahnstocher die winzigen Augen, Münder und Striche auf. Mit dem Haarpinsel malst du Arme, Beine und Fühler an die Wanze.

SPIELIDEE

Suche dir vier Leute für deinen Wanzenchor. Haltet eure Schachteln so, dass die Buchstaben in den Schachteln das Wort „Wanze" ergeben. Jetzt lasst die Wanzen am Stiel tanzen und singt das Lied. Mit jeder Strophe verschwindet ein Buchstabe mehr.

5 Schneide die Papiertrinkhalme in der Mitte durch. Du brauchst fünf halbe Halme. Drücke jeweils ein Ende platt, knicke davon 1 cm als Klebefläche um und klebe die Halme an die Schubladen. Zum Schluss an das andere Ende des Halmes eine Holzperle kleben. Kleber trocknen lassen und die Laden in die passenden Hüllen schieben.

Die Affen rasen durch den Wald

Volkslied (20. Jhdt.)

2. Die Affenmama sitzt am Fluss
   und angelt nach der Kokosnuss.
   Die ganze Affenbande brüllt:
   |: „Wo ist die Kokosnuss?
   Wo ist die Kokosnuss?
   Wer hat die Kokosnuss geklaut?" :|

3. Der Affenonkel, welch ein Graus,
   reißt ganze Urwaldbäume aus.
   Die ganze Affenbande brüllt:
   |: „Wo ist die Kokosnuss?
   Wo ist die Kokosnuss?
   Wer hat die Kokosnuss geklaut?" :|

4. Die Affentante kommt von fern.
   Sie isst die Kokosnuss so gern.
   Die ganze Affenbande brüllt:
   |: „Wo ist die Kokosnuss?
   Wo ist die Kokosnuss?
   Wer hat die Kokosnuss geklaut?" :|

5. Der Affenmilchmann, dieser Knilch,
   der wartet auf die Kokosmilch.
   Die ganze Affenbande brüllt:
   |: „Wo ist die Kokosnuss?
   Wo ist die Kokosnuss?
   Wer hat die Kokosnuss geklaut?" :|

6. Der Elefant im Urwald spricht:
   „Hier in dem Dickicht ist sie nicht."
   Die ganze Affenbande brüllt:
   |: „Wo ist die Kokosnuss?
   Wo ist die Kokosnuss?
   Wer hat die Kokosnuss geklaut?" :|

7. Die Affenbraut denkt selbst beim Kuss
   nur immer an die Kokosnuss.
   Die ganze Affenbande brüllt:
   |: „Wo ist die Kokosnuss?
   Wo ist die Kokosnuss?
   Wer hat die Kokosnuss geklaut?" :|

8. Das Affenbaby voll Genuss
   hält in der Hand die Kokosnuss.
   Die ganze Affenbande brüllt:
   |: „Hier ist die Kokosnuss!
   Hier ist die Kokosnuss!
   Es hat die Kokosnuss geklaut!" :|

9. Die Affenoma schreit: „Hurra!
   Die Kokosnuss ist wieder da!"
   Die ganze Affenbande brüllt:
   |: „Hier ist die Kokosnuss!
   Hier ist die Kokosnuss!
   Es hat die Kokosnuss geklaut!" :|

So ein Zirkus

kletterstarke Affenbande

Material

♪ dünne, braune Kartonpappe, ca. A4

♪ Wasser- oder Acrylfarbe in Braun, Schwarz, Weiß und Rosa

♪ Wattestäbchen

♪ 4 Chenilledrähte in Braun

♪ Chenilledraht in Beige

♪ UHU Bastelkleber

♪ Prickelnadel

♪ Wäscheklammern

Vorlagen Seite 111

1 Schneide nach Vorlage aus der Kartonpappe die Vorder- und Rückseiten für Affe, Affenkind und Affenbaby aus. Bemale die Vorderseiten mit Gesicht, Bauch und braunem Fell und die Rückseiten komplett in Braun.

2 Während die Farbe trocknet, schneide die Chenilledrähte zu. Du brauchst je drei Stücke. Für einen Affen: 35 cm für die Arme, 15 cm für den Schwanz und 20 cm für die Beine. Für ein Affenkind: 25 cm für die Arme, 10 cm für den Schwanz und 15 cm für die Beine. Für das Affenbaby in Beige: 18 cm für die Arme, 8 cm für den Schwanz und 9 cm für die Beine.

3 Jetzt nimm dir die Rückseiten der Kletteraffen und bohre mit der Prickelnadel je ein Loch für den Schwanz. Fädle die vorbereiteten Schwänze aus Chenilledraht etwa 2 cm hindurch.

4 Nun drehe die Rückseiten um und lege die Drahtstücke für Arme und Beine quer auf das Pappstück. Befestige die Beine wie auf dem Bild am kurzen Drahtende des Schwanzes und klebe die Drähte an. Dann klebe die Vorderseiten auf. Ein paar Wäscheklammern halten die Affenbande für dich zusammen, solange der Kleber noch trocknet.

5 Zum Schluss biegst du Arme, Beine und Schwänze zurecht, sodass du die Affenbande überall aufhängen kannst. Wickle eine Kokosnuss aus Chenilledraht: dazu ein Drahtende etwa 2,5 cm umknicken und mit dem restlichen Draht umwickeln.
Bastele weitere Familienmitglieder! Wie wäre es mit einer Blume für die Affenmama? Und eine Affenoma mit elegantem weißgrauem Fell und Dutt?

TIPP

Wenn es schnell gehen soll, kannst du die Kletteräffchen mit der Klebepistole zusammenkleben. Dann können sie direkt losklettern!

Törööö!

elefantastisches Kokosnuss-Basketball

Material

♪ Schuhkartondeckel

♪ dünne Pappe, ca. A4

♪ Kartonpappe, 6 cm breit, 30 cm lang

♪ Zeitungspapierbogen

♪ kleiner Eimer, z. B. Verpackung von Kartoffelsalat

♪ Washi Tape in Orange, Gelb und Pink

♪ Chenilledraht in Orange, 50 cm lang

♪ Wolle in Braun

♪ Bäckergarn, 40 cm lang

♪ Acrylfarbe in Grau, Gelb, Weiß und Schwarz

♪ UHU Bastelkleber

♪ Cutter mit Schneideunterlage

♪ Kastanienbohrer

♪ Wäscheklammern

Vorlagen Seite 110

1 Schneide aus dünner Pappe nach Vorlage die Elefantenohren und die Arme zu. Für den Rüssel feuchte die Oberseite der Kartonpappe an. Kurz warten und dann die obere Schicht abziehen, sodass die Wellpappe zu sehen ist. Schneide den Streifen rüsselförmig zu und aus den Resten ein paar schmale Streifen als Haare.

2 Prima, jetzt male alle Pappteile beidseitig grau an. Vom Schuhkartondeckel bemalst du den oberen Teil in Grau und den unteren in Gelb. Trocknen lassen und danach Gesicht und Fußnägel aufmalen. Die Wangen aus Washi Tape zuschneiden und aufkleben.

3 Als Nächstes Ohren und Arme an den Deckel kleben. Knicke dafür zuerst die Klebekanten um. Dann trage den Kleber auf und stecke zum Fixieren alles mit Wäscheklammern fest. Zum Schluss noch die Haare und den oberen Teil des Rüssels ankleben.

4 Suche dir eine erwachsene Person, die dir mit dem Cutter helfen kann. Trennt vorsichtig den Boden aus dem Eimer. Danach beklebt ihr den Eimer längs und quer mit Washi Tape.

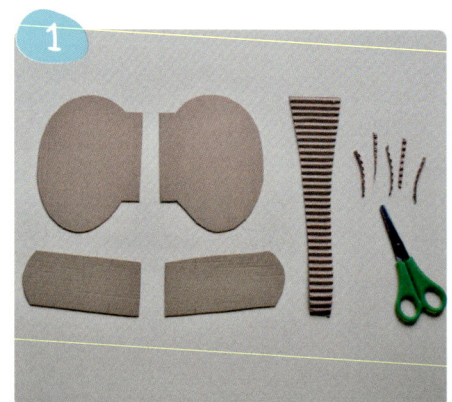

5 Lege den Rüssel um den Henkel des Eimers und positioniere den Eimer darunter. Um den Eimerrand legst du Chenilledraht. Bohre links und rechts neben dem Eimer ein Loch in den Kartondeckel und stecke die Drahtenden hindurch. Verdrehe sie auf der Rückseite fest miteinander.

6 Zum Aufhängen bohre hinter jedem Elefantenohr ein Loch, fädle das Bäckergarn durch und binde die Garnenden am Karton fest. Fehlt nur noch eine Kokosnuss! Zerknülle das Zeitungspapier und umwickle es mit Wolle. Das Ende des Fadens einfach festkleben – fertig!

SPIELIDEE

Schnapp dir die Kokosnuss und versuche sie in den Basketballkorb zu werfen! Wie lange brauchst du, um 3 Treffer zu landen?

Backe, backe Kuchen

Volkslied (19. Jhdt.)

Ba - cke, ba - cke Ku - chen! Der Bä - cker hat ge - ru - fen. Wer will gu - ten

Ku - chen ba - cken, der muss ha - ben sie - ben Sa - chen: Ei - er und Schmalz, But - ter und Salz,

Milch und Mehl, Saf - ran macht den Ku - chen gehl. Schieb, schieb in'n O - fen rein!

Für Backstars

schicke Schürze mit Kartoffeldruck

Material

- ♪ Geschirrtuch, 50 x 70 cm, gewaschen
- ♪ Kartoffeln, 2 größere und 2 kleine
- ♪ Acryl- oder Stoffdruckfarbe in Rot, Gelb und Hellblau
- ♪ Buntstift in Rot
- ♪ Nähgarn in Weiß
- ♪ Band, 1 cm breit, 1,80 m lang
- ♪ 3 kleine Schwämmchen
- ♪ Keksausstecher, Stern und Herz
- ♪ Messer mit Schneideunterlage
- ♪ Papp- oder Papierunterlage
- ♪ Nähnadel
- ♪ Sicherheitsnadel
- ♪ Bügeleisen

1 Zuerst bügelst du das Geschirrtuch einmal komplett. Dann falte an einer der kurzen Seiten die Ecken auf die Rückseite, sodass die obere Kante etwa 20 cm und die schrägen Kanten etwa 30 cm lang sind. Einmal über die schrägen Kanten bügeln.

2 Bereite die Kartoffel-Stempel vor. Schneide dafür eine größere Kartoffel so durch, dass du Hälften mit großer Fläche erhältst. Drücke die Keksausstecher in die Schnittflächen. Mit der Assistenz eines Erwachsenen fährst du mit dem Messer von außen um die Ausstecher, um die Formen freizulegen. Danach entfernst du die Keksausstecher. Schneide auch noch einen kleinen Kreisstempel für die roten Punkte. Auf Küchenpapier trocknen.

3 Außerdem brauchst du noch Stempel für die Buchstaben. Zeichne wie auf dem Bild alles an. Du brauchst zwei 1 cm breite Stäbchen in 7 und 5 cm Länge. Damit kannst du schon die Buchstaben A, K und T stempeln. Dann noch ein kleines c für die Rundungen bei den Buchstaben B, R und S und ein großes C. Alles vorsichtig ausschneiden und trocknen lassen.

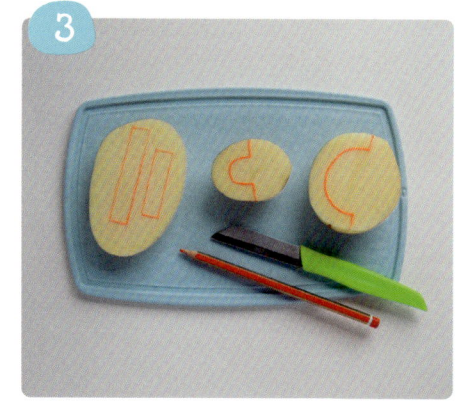

4 Nun legst du das Geschirrtuch glatt auf Papier oder Pappe. Klappe die umgebügelten Ecken wieder aus. Darauf solltest du nicht drucken. Beginne mit den Buchstaben. Tupfe die rote Farbe mit dem Schwämmchen auf die Stempel und drücke sie so auf das Geschirrtuch. Gelbe Sterne, blaue Herzen und rote Punkte kannst du frei stempeln. Trocknen lassen und zum Fixieren von der Rückseite bügeln. Dabei die Ecken wieder nach hinten umbügeln.

5 Fädle einen Faden in die Nähnadel und nähe im Steppstich mit 2 cm Abstand zur schrägen Kanten, sodass zwei Tunnel entstehen. Dabei den Faden am Anfang und am Ende der Naht gut festnähen. Zum Schluss befestige die Sicherheitsnadel an dem langen Band. Fädle es von unten durch einen der Tunnel und dann von oben durch den anderen. Anziehen und schon heißt es: Küche frei für den Backstar!

TIPP

Übe den Druck der Buchstaben zuerst auf Papier. Statt „Backstar" kannst du natürlich auch deinen Namen drucken.

Für deine

sieben Sachen

köstliche Kuchendosen

Material

♪ Konservendosen, verschiedene Größen

♪ Kartonpappe

♪ Tonpapierreste in Bunt

♪ Moosgummireste in Bunt

♪ Acrylfarbe in Weiß, Gelb, Braun und Türkis

♪ Wattekugeln, verschiedene Größen, ø 10-25 mm

♪ Schwämmchen

♪ UHU Bastelkleber

♪ UHU Servietten-Technik Lack

♪ Bürolocher

♪ Motivlocher: Herz, ø 1,6 cm

♪ Dosenöffner

♪ optional: Trinkhalmreste

1 Entferne bei deinen Dosen als Erstes die scharfen Innenränder. Wie das geht, erfährst du vorne im Buch auf Seite 11.

2 Nun grundiere die Dosen in deinen Wunschfarben. Tupfe die Farbe mit einem Schwämmchen gleichmäßig auf. Trocknen lassen und noch eine Farbschicht auftupfen.

3 Während die Farbe trocknet, bereite bunte Streusel, Herzchen und Konfetti zum Dekorieren deiner „Backwerke" vor. Für die Streusel bunte Tonpapierreste erst in dünne Streifen und diese dann in Stückchen schneiden. Mit dem Bürolocher und dem Motivlocher buntes Konfetti und Herzchen stanzen.

4 Schneide einige schmale Tonpapierstreifen und breitere mit gewelltem Zuckerguss-Rand zu. Nun bestreiche die Dosen mit dem Servietten-Technik Lack und lege die Papierteile darauf. Drücke sie mit dem Pinsel an. Das Konfetti einfach aufstreuen. Anschließend die Papierteile einmal dünn überlackieren. Alles trocknen lassen.

5 Die Deckel machst du aus Kartonpappe. Stelle dafür die Dosen mit der Öffnung auf die Pappe und fahre einmal mit dem Bleistift herum. Dann die Formen ausschneiden.

6 Jetzt für jeden Pappdeckel einen Tonpapierbezug zuschneiden. Einfach die Pappen auf Tonpapier legen und mit ca. 1,5 cm Abstand ausschneiden. Dann mit Serviettenlack bestreichen und auf die Papierkreise kleben. Den Rand wie auf dem Bild einschneiden, mit Lack bestreichen und ankleben. Beide Deckelseiten lackieren.

7 Beklebe die unteren Seiten der Deckel mit Moosgummi. Dafür drückst du eine Dose auf Moosgummi, sodass ein Abdruck entsteht. Schneide den Kreisabdruck aus. Er sollte etwas kleiner sein als der jeweilige Deckel. Ankleben und trocknen lassen.

8 Als Griffe bemalst du Wattekugeln in Wunschfarben. Trocknen lassen und mittig aufkleben. Größere Kugeln kannst du mit einem Messer durchschneiden, wenn dir ein Erwachsener assistiert. Die Deckel verzieren. Wenn du magst, bastele Kerzen aus Trinkhalmstücken und Tonpapier-Flammen. Alles ankleben, mit Lack überziehen und trocknen lassen.

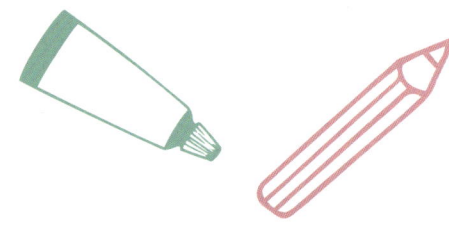

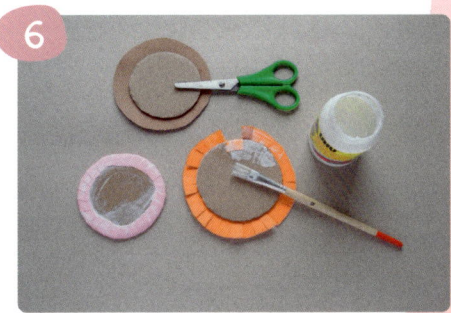

TIPP

Die Kuchendosen sind ein tolles Projekt zum Verwerten von Tonpapierresten. Selbst kleinste Stücke können noch zu bunten Streusel, Konfetti oder Deko-Herzchen verarbeitet werden!

Mein Hut, der hat drei Ecken

Volkslied (19. Jhdt.)

D	A⁷	D

1. Mein Hut, der hat drei E - cken, drei__ E - cken hat mein Hut,_____ und

D	A⁷	D

hätt' er nicht__ drei E - cken, so__ wär er nicht mein Hut._____

2. ... Hut, der hat drei Ecken.
   Drei Ecken hat ... Hut
   und hätt' er nicht drei Ecken,
   so wär es nicht ... Hut.

3. ... ..., der hat drei Ecken.
   Drei Ecken hat ... ...
   und hätt' er nicht drei Ecken,
   so wär es nicht ... ...

4. ... ..., der hat ... Ecken.
   ... Ecken hat ... ...
   und hätt' er nicht ... Ecken,
   so wär es nicht ... ...

5. ... ..., der hat ... ...
   ... ... hat ... ...
   und hätt' er nicht ... ...,
   so wär es nicht ... ...

SPIELIDEE

Wenn du das Lied singst, kannst du den Text gleichzeitig mit Gesten darstellen:
mein = Zeige auf dich selbst.
Hut = Halte beide Hände wie ein Dach über deinem Kopf zusammen.
drei = Zeige drei Finger.
Ecken = Berühre mit einer Hand den anderen Ellenbogen.
Mit jeder Strophe fällt ein Wort mehr weg und darf nicht mehr gesungen werden,
sondern nur noch gezeigt. Schaffst du es trotzdem die richtige Bewegung zu
machen und dabei kein Wort zu sagen?

Wo ist die Kugel?

piratenstarkes Hütchenspiel

Material

- 3 Klopapierrollen
- Tonpapier in Gelb, Hellblau und Rot, ca. A5
- Murmel
- Wasserfarbkasten
- Deckweiß

1 Zuerst grundiere die drei Klopapierrollen in Hautfarben und lasse sie kurz trocknen. Dann schneidest du die Rollen an einer Seite ringsum in Zentimeterabständen 3 cm weit ein.

2 Bereite aus Tonpapier die Piratenklamotten vor. Du brauchst für jeden Piraten ein 8,5 x 11 cm großes Stück für den Hut und einen 15 x 4 cm breiten Streifen für das Hemd. Die Piratenhemden mit Streifen aus Deckweiß bemalen und trocken lassen.

3 Jetzt falte wie auf dem Bild drei kleine Hüten in den Piraten-Farben. Lege sie beiseite, du brauchst sie erst später.

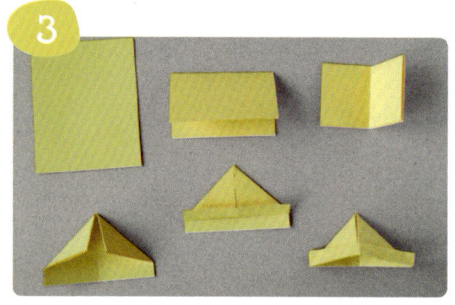

4 Klebe die Hemden um die Klopapierrollen. Drehe die fransige Seite der Rolle zu einer Spitze. Fixiere sie, wenn nötig, mit etwas Kleber.

5 Prima, nun mit Wasserfarbe die Piratengesichter aufmalen, trocknen lassen und schon kannst du die vorbereiteten Hüte aufkleben. Fehlt nur noch eine Murmel und das Hütchenspiel ist komplett! Hast du keine Murmel, dann forme eine Kugel aus Alufolie.

SPIELIDEE

Lege die Murmel unter einen Piraten. Verschiebe die Piraten und kicke die Murmel dabei unauffällig zwischen den Piraten hin und her. Na? Welcher Seeräuber versteckt sie, wenn die Piraten wieder stillstehen? Wer richtig geraten hat, darf als Nächstes die Murmel verstecken.

Hut ab!

eleganter Dreispitz

1 Der Dreispitz wird aus einer Hutkrempe und einer Kappe zusammengebaut. Für die Krempe zeichne auf den Fotokarton einen Kreis mit 38 cm Durchmesser (z. B. mit einer Kuchenplatte) und schneide ihn aus. Dann lege einen Teller mit 18 cm Durchmesser darauf und zeichne den Umriss an. Den inneren Kreis 2 cm kleiner ausschneiden und bis zum Bleistiftkreis fransig einschneiden. Anschließend die Fransen nach oben knicken.

2 Für die Kappe schneidest du einen langen Fotokartonstreifen in 4 x 70 cm und vier kürzere in 3 x 30 cm zu. Lege den langen Streifen um die Fransen der Krempe und tackere ihn zu einem Ring zusammen. Danach tackerst du die Enden der vier kurzen Streifen an gegenüberliegenden Punkten an den Ring, sodass sie sich in der Mitte kreuzen.

3 Lege die Hutkrempe auf schwarzes Krepppapier und schneide mit 2 cm Abstand drum herum. Diesen Krepp-Kreis legst du über die Kappe und schlägst das Papier nach innen ein. So tackerst du es am Rand fest.

4 Nun klebe die Kappe an den Fransenrand der Krempe. Den Kleber trocknen lassen. Dann die Krempe an drei Seiten nach oben biegen und jeweils mittig mit einer Tackernadel an der Kappe befestigen, sodass ein dreieckiger Hut entsteht.

5 Fehlt noch etwas Schmuck für deinen Dreispitz! Bestreiche die Kronkorken innen mit Kleber, streue Glitter darüber und setze einen Strassstein in die Mitte. Schneide nach Vorlage drei blaue Sterne aus Tonpapier zu und klebe die funkelnden Kronkorken darauf.

6 Für die bunte Borte stanze mehrere blaue, rote und gelbe Kreise. Schneide sie in der Mitte durch und klebe sie um die Hutkrempe. Danach noch die funkelnden Kronkorken-Sterne ankleben. Probier mal, passt der Hut?

7 Den gelben Federpuschel machst du aus einem 20 cm breiten und 40 cm langen Stück Krepppapier. Falte die langen Kanten aufeinander. Schneide die offene Längsseite gut 5 cm weit fransig ein. Die gegenüberliegende Kante mit Kleber bestreichen und spiralförmig um den Trinkhalm wickeln. Den Halm in Form biegen, eventuell etwas kürzen und innen an der Krempe festkleben.

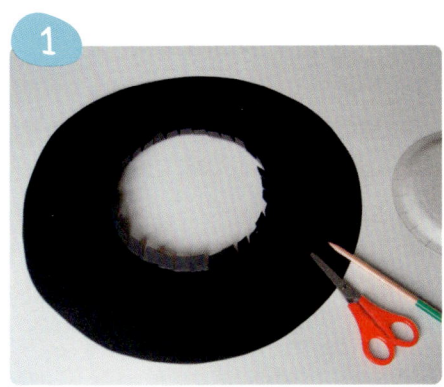

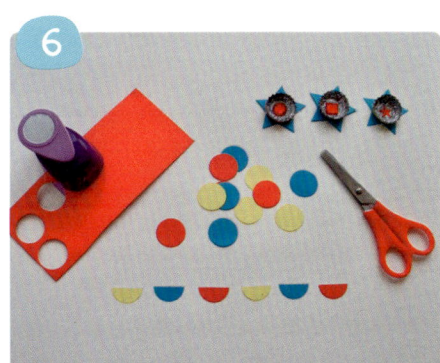

Alle Vögel sind schon da

Hoffmann von Fallersleben   Volkslied (18. Jhdt.)

1. Al - le Vö - gel sind schon da, al - le Vö - gel, al - le!

Welch ein Sin - gen, Mu - si - ziern, Pfei - fen, Zwit - schern, Ti - ri - liern!

Früh - ling will nun ein - mar - schiern, kommt mit Sang und Schal - le.

2. Wie sie alle lustig sind,
   flink und froh sich regen!
   Amsel, Drossel, Fink und Star
   und die ganze Vogelschar,
   wünschen dir ein frohes Jahr,
   lauter Heil und Segen.

3. Was sie uns verkünden nun,
   nehmen wir zu Herzen:
   Wir auch wollen lustig sein,
   lustig wie die Vögelein,
   hier und dort, feldaus, feldein,
   singen, springen, scherzen.

Zum Piepen!

fröhliche Fingerpuppen-Vogelschar

♪ 2-3 Eierkartons

♪ Tonpapierreste in Orange und Hellgrün

♪ 5 Wattekugeln, ø 25 mm

♪ Federn in Bunt

♪ UHU Bastelkleber

♪ Wasserfarbkasten

♪ optional: Filzreste, Eichelhütchen

1 Für deine Vogelschar brauchst du fünf Eierkartonspitzen. Reiße die Spitzen vorsichtig aus den Eierkartons. Dann schneide den unteren Rand großzügig gerade ab. Probier mal, passen sie gut auf deine Finger?

2 Als nächstes klebst du auf jede Eierkartonspitze eine Wattekugel. Den Kleber gut trocknen lassen. Dann schnapp dir den Wasserfarbkasten und Pinsel und male jede Figur in einer anderen Farbe an.

3 Während die Farbe trocknet, bereitest du die Schnäbel vor. Falte dafür ein Stück Tonpapier mittig. Jetzt vom Falz aus kleine Zacken ausschneiden und fertig sind die Schnäbel zum Ankleben. Danach tupfe Augen und Wangen auf. Vielleicht möchte ein Vogel auch noch eine schwarze Haube?

4 Zum Schluss klebe den Vögeln Flügel aus Federn an. Dekoriere sie nach Lust und Laune mit Federhäubchen und Schwanzfedern. Auch kleine Schals aus Filzstreifen oder Eichelhütchen stehen den Piepmätzen ganz wunderbar!

Fingerkunst

pfiffiges Vogel-Memo

Material

- 16 Teelichthülsen
- Washi Tape, schmal
- Tonpapier in Weiß, Hellblau und Rosa
- Wasserfarbkasten
- Haarpinsel, Größe 6
- Filzstift in Schwarz und Orange
- UHU Klebestift
- Motivlocher: Kreis oder mit Zierrand, ø 3,81 cm
- Motivlocher: Herz, ø 1,6 cm

TIPP

Die fingergestempelten Vögelchen sind auch sehr niedlich als Anhänger für den Osterstrauch. Mit einer spitzen Sticknadel kannst du einen Faden zum Aufhängen durch den Rand der Hülse oder das Papier ziehen.

1 Zuerst bereite mit dem runden Motivlocher oder mithilfe einer Schablone 16 weiße Papierkreise mit Zierrand für die Vogelpaare vor.

2 Tunke deinen Zeigefinger in Wasser und rühre damit eine Wasserfarbe an. Dann drücke deinen Finger in die Mitte eines Papierkreises. Anschließend stempelst du mit der Pinselspitze noch die Schwanzfedern dazu – fertig ist der Vogelkörper. Jetzt das Ganze gleich noch einmal. Dann die restlichen Kreise bedrucken, bis du alle acht Vogelpaare zusammen hast.

3 Während die Wasserfarbe trocknet, verzierst du die Teelichthülsen. Stanze 16 kleine blaue Papierkreise und 16 rosa Herzchen. Klebe auf jeden Kreis ein Herz. Dann beklebe damit die Unterseiten der Teelichthülsen. Zum Schluss noch einen Streifen Washi Tape um die Hülsen kleben.

4 Weiter geht es mit den Vögelchen. Schnapp dir einen Filzstift und male damit Augen, Schnäbel und Vogelbeine an die gestempelten Vögel. Anschließend klebe sie in die Teelichthülsen. Dafür mit dem Klebestift den Boden der Hülsen bestreichen und die Papierkreise hineinlegen. Etwas andrücken und fertig ist dein Vogel-Memo!

SPIELIDEE

Gespielt wird zu zweit. Die Teelichthülsen mit den Herzchen nach oben auf den Tisch legen und abwechselnd zwei Vögel aufdecken. Wer ein Vogelpaar gefunden hat, darf noch einmal zwei Vögel aufdecken. Wer findet die meisten Paare?

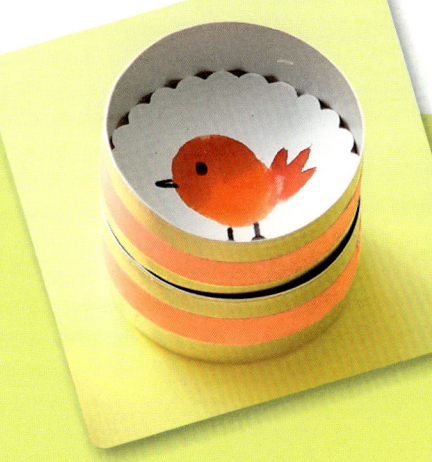

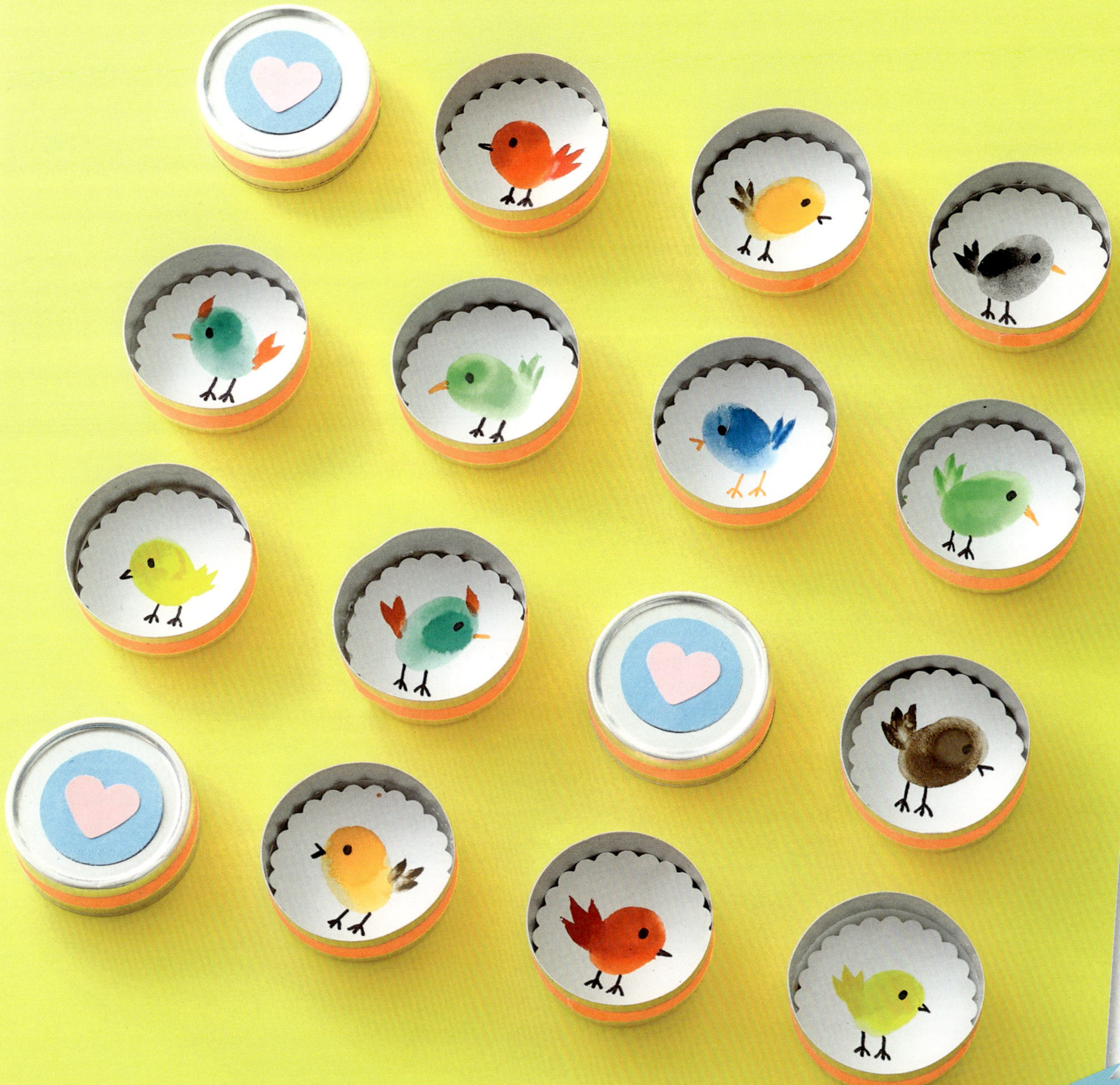

Komm lieber Mai

Christian Adolf Overbeck

Wolfgang Amadeus Mozart

1. Komm, lie - ber Mai, und ma - che die Bäu - me wie - der grün, und lass uns an dem Ba - che die klei - nen Veil - chen blüh'n! Wie möch - ten wir__ so ger - ne ein Veil - chen wie - der seh'n, ach, lie - ber Mai, wie ger - ne ein - mal__ spa - zie - ren geh'n.

2. Zwar Wintertage haben
wohl auch der Freuden viel:
man kann im Schnee eins traben
und treibt manch' Abendspiel,
baut Häuserchen von Karten,
spielt Blindekuh und Pfand.
Auch gibt's wohl Schlittenfahrten
aufs liebe freie Land.

3. Doch wenn die Vöglein singen
und wir dann froh und flink
auf grünem Rasen springen,
das ist ein alter Ding!
Jetzt muss mein Steckenpferdchen
dort in dem Winkel steh'n,
denn draußen in dem Gärtchen
kann man vor Schmutz kaum geh'n.

4. Am meisten aber dauert
mich Lottchens Herzeleid.
Das arme Mädchen lauert
recht auf die Blumenzeit;
umsonst hol' ich ihr Spielchen
zum Zeitvertreib herbei.
Sie sitzt auf ihrem Stühlchen
wie's Hühnchen auf dem Ei.

5. Ach, wenn's doch erst gelinder
und grüner draußen wär'!
Komm, lieber Mai! Wir Kinder,
wir bitten gar zu sehr!
komm und bring vor allem
uns viele Veilchen mit,
bring auch viel Nachtigallen
und schöne Kuckucks mit.

Frühlingswirbel

Zauberstab mit Flatterbändern

Vorlage Seite 110

Material

- Ast, ca. 30 cm lang
- Wattekugel, ø 20 mm
- Tonkartonrest in Gelb
- Satinband in Pink, Hellrosa, Gelb und Lila, 0,7 cm breit, 1,5 m lang
- Acrylfarbe in Hellgrün, Gelb, Pink, Rosa und Schwarz
- Schaschlikstäbchen
- Wattestäbchen
- Glitter in Gold
- Washi Tape
- Klebefilm
- UHU Bastelkleber
- Heißklebepistole
- Wäscheklammer
- Kastanienbohrer

1 Schneide aus gelbem Tonkarton nach Vorlage die Schmetterlingsflügel aus. Klemme sie zum Festhalten in eine Wäscheklammer. Dann trägst du mit dem Pinsel eine Schicht Bastelkleber auf und streust sofort etwas Glitter darüber. Beglittere so beide Flügelseiten.

2 Nun male den Ast und die Wattekugel mit hellgrüner Acrylfarbe an. Für die Fühler schneidest du ein Wattestäbchen in der Mitte durch und bemalst beide Hälften mit gelber Farbe. Bestreue alle Teile mit ein wenig Goldglitter, damit dein Zauberstab später magisch funkelt.

3 Bohre in die grüne Kugel zwei Löcher für die Fühler. Gib einen Tropfen Bastelkleber hinein und stecke die Fühler fest. Male nun ein fröhliches Schmetterlingsgesicht auf und tunke die Fühler in pinke Farbe. Die Flügel mit hellgrünen Punkten verzieren und alles gut trocknen lassen.

4 Für den Frühlingswirbel schneide von den Satinbändern jeweils 1,50 m lange Stücke ab. Verbinde die Bänder an einem Ende mit einem Knoten.

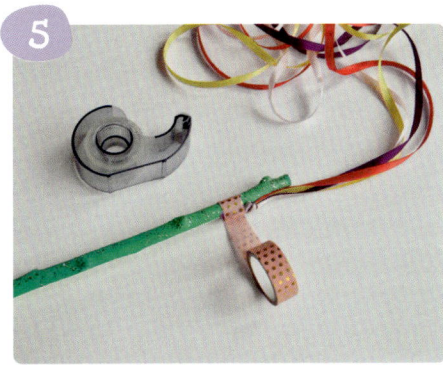

5 Befestige die Bänder am grünen Ast. Lege dafür den Knoten neben die Astspitze. Nun umwickle das Ganze 5-6 cm breit stramm mit Washi Tape und danach noch mit Klebefilm. Verziere die untere Asthälfte mit einigen Streifen aus Washi Tape und Satinband.

6 Zum Schluss mit Heißkleber erst den Schmetterlingskopf und dann die Flügel ankleben. Toll gemacht! Schwinge deinen Zauberstab und lasse die bunten Bänder durch die Luft wirbeln. Hurra!

Blütenkönigin

duftiger Haarkranz mit Veilchen

Material

♪ Krepppapier in Grün, Lila, Rosa und Gelb

♪ Tonkartonstreifen in Mintgrün, 2 cm breit, 60 cm lang

♪ Tafelkreide in Weiß

♪ UHU Klebestift

♪ UHU Bastelkleber

Vorlagen Seite 112

TIPP

Dieser Haarkranz wird aus vielen kleinen Teilen zusammengesetzt und braucht daher etwas Zeit. Er sieht aber auch mit weniger Blüten als Diadem klasse aus.

1 Zuerst schneidest du aus grünem Krepppapier nach Vorlage die Streifen für die Stängel zu. Davon brauchst du insgesamt 21 Stück. Bestreiche sie dünn mit Klebestift und rolle sie von der langen Seite locker auf. Dann verdrehe sie zu festen Stängeln.

2 Jetzt mithilfe der Vorlage aus lila Krepp Blütenblätter für neun Veilchen zuschneiden. Für eine Blüte verdrehe wie auf dem Bild drei Papierteile zu fünf Blütenblättern. Klebe die doppelten Blätter aufeinander und das Einzelblatt darauf. Male die Blütenmitte mit Kreide an und klebe darauf ein kleine gelbe Kreppkugel. Am lila Zipfel befestigst du den grünen Stängel.

3 Als Nächstes die gelben Blumen nach Vorlage zuschneiden. Die langen Kanten aufeinander falten und die offene Längskante in schmale Fransen schneiden. Die Falzseite mit Klebestift bestreichen und den Streifen von einer schmalen Seite aufrollen. Zum Schluss den Stängel ankleben.

4 Nun noch drei Grasbüschel und sechs grüne Veilchenblätter nach Vorlage zuschneiden. Klebe jedes Veilchenblatt an einen Stängel. Die Grasbüschel bestreichst du an der unteren Kante mit dem Klebestift. Dann raffe sie fächerförmig zusammen und verdrehe die Spitze ein wenig.

5 Für die rosa Knospen brauchst du keine Vorlage. Reiße einfach 15 briefmarkengroße Krepppapierstücke ab und rolle daraus Kügelchen. Das geht gut, wenn du deine Handfläche vorher mit etwas Wasser anfeuchtest. Kürze drei grüne Stängel auf 7 cm und beklebe sie mit je fünf Knospen.

6 Wow – jetzt hast du einen tollen Blüten- und Blättervorrat! Der Rest ist ganz leicht. Klebe den mintfarbenen Tonkartonstreifen so zusammen, dass er gut um deinen Kopf passt. Danach klebst du nach Lust und Laune alle Blüten, Blätter und Grasbüschel von außen an den Ring. Mit dem Kranz bist du bereit für den Frühling.

Der Kuckuck und der Esel

Hoffmann von Fallersleben   Carl Friedrich Zelter

1. Der Ku - ckuck und der E - sel, die hat - ten ei - nen Streit, wer__ wohl am bes - ten sän - ge, wer__ wohl am bes - ten sän - ge zur schö - nen Mai - en - zeit, zur schö - nen Mai - en - zeit.

2. Der Kuckuck sprach: „Das kann ich!"
   und fing gleich an zu schrein.
   „Ich aber kann es besser,
   ich aber kann es besser",
   fiel gleich der Esel ein,
   fiel gleich der Esel ein.

3. Das klang so schön und lieblich,
   so schön von fern und nah.
   Sie sangen alle beide,
   sie sangen alle beide:
   „Kuckuck, kuckuck! I - a!
   Kuckuck, kuckuck! I - a!"

Für den Sängerwettstreit

mega coole Mikrofone

Material

- ♪ 2 Klopapierrollen
- ♪ 2 Styroporkugeln, ø 6 cm
- ♪ 2 Sektkorken
- ♪ 4 Schaschlikstäbchen
- ♪ Acrylfarbe in Schwarz, Weiß, Pink und Gelb
- ♪ Glitter
- ♪ 6 Strasssteine
- ♪ Filzrest in Schwarz
- ♪ Bäckergarn in Schwarzweiß
- ♪ Chenilledraht in Silber
- ♪ UHU Bastelkleber
- ♪ Wäscheklammern
- ♪ Prickelnadel

1 Schnapp dir die Schaschlikstäbchen und pikse sie vorsichtig in die Styroporkugeln und die Unterseiten der Sektkorken. Male zuerst die Korken und dann die Kugeln schwarz an. Streue Glitter über die Kugeln, solange die Farbe noch feucht ist.

2 Schneide die Klopapierrollen längs auf und drehe sie so zusammen, dass sie nach unten etwas spitzer zulaufen. Der untere Teil eines Sektkorkens sollte noch hineinpassen. Dann fixiere die Öffnungen mit Wäscheklammern und klebe die Röhre zusammen.

3 Ist der Kleber getrocknet, schneide den Rand der größeren Öffnung gerade ab. Danach die Rollen erst weiß grundieren und dann jeweils in Pink und in Gelb anmalen.

4 Schon kannst du die Mikrofone zusammenbauen. Schiebe die Sektkorken mit den Schaschlikstäbchen voran durch die schmalere Öffnung der Klopapierrollen. Kürze die Stäbchen, sodass sie nur noch 4 cm weit aus der Rolle ragen. Gib etwas Kleber an den Rand der Rolle und auf das Ende des Stäbchens. Zuletzt schiebe die funkelnde Styroporkugel darauf.

5 Schneide zwei 1,5 cm breite und 4 cm lange Streifen aus schwarzem Filz zu. Klebe sie längs auf die Mikrofongriffe und klebe je drei Strasssteine darauf. Oben und unten um die Kanten der Rollen klebst du ein Stück Bäckergarn. Bohre ein Loch in die Korken und stecke an jedes Mikro ein 10 cm langes Stück Chenilledraht. Bereit für den großen Sängerwettstreit?

Verrückte Streithähne

Handpuppen Kuckuck und Esel

Material

♪ Socke in Grau, ab Größe 39

♪ Socke in Bunt, ab Größe 35

♪ Wollrest in Schwarz

♪ etwas Füllwatte

♪ Filzreste in Rosa, Pink, Rot und Schwarz, 1 mm dick

♪ Filzreste in Gelb und Grau, 2-3 mm dick

♪ Tonkartonreste in Weiß

♪ 4 Wattekugeln in Weiß, ø 2 cm

♪ 2 Knöpfe in Rosa, ø 1 cm

♪ Feder

♪ UHU Bastelkleber

♪ Heißklebepistole

Vorlagen Seite 113

1 Habt ihr zu Hause einsame Socken herumliegen? Daraus kannst du dir dieses lustige Paar basteln. Beginne mit dem Kuckuck. Schneide zuerst nach Vorlage aus dickerem Filz einen gelben Schnabel und aus dünnem Filz eine pinkfarbene Zunge zu. Außerdem noch zwei erbsengroße, schwarze Pupillen.

2 Hol einen Erwachsenen und klebt gemeinsam den Schnabel mit Heiß-kleber wie auf dem Bild an die bunte Socke. Die Zunge in den Schnabel kle-ben und danach noch die Wattekugel-Augen und die Pupillen ankleben. Noch eine Feder auf den Kopf und fertig ist der Kuckuck.

3 Für den Esel schneidest du nach Vorlage ein Maul aus Pappe und ein etwas kleineres aus dünnem rosa Filz. Dann noch eine rote Zunge und zwei Pupillen aus dünnem Filz sowie zwei Ohren aus dickem grauen Filz. Die Zähne aus Tonkarton ausschneiden.

4 Falte das Pappmaul wie auf der Vorlage eingezeichnet und schiebe es dann auseinandergefaltet und mit der längeren Seite voran in die graue Socke, sodass es am Sockenboden liegt. Zum Befestigen schneide ein läng-liches Loch in die Socke und klebe sie entlang der Lochkante auf die Pappe.

5 Jetzt klebst du als Erstes die Zähne an die Rückseite des Filzmauls. Danach das rosa Maul in die Socke kleben. Die Zähne in Form knicken und die rote Zunge mittig ankleben.

6 Als Nächstes die Sockenspitze von innen etwas mit Watte polstern und anschließend die rosa Knöpfe als Nüstern, Wattekugeln als Augen, mit den Pupillen aus schwarzem Filz, und die Ohren aufkleben.

7 Die Wuschelmähne machst du aus schwarzer Wolle. Umwickle dafür ein ca. 20 cm hohes Buch ganz oft mit Wolle. Dann nimm den Strang vorsichtig ab und binde ihn mit einem Faden zusammen. Ringsum die Wollschlaufen aufschneiden. Die Mähne ankleben und frisieren. „Kuckuck, kuckuck!" „I - a!"

Summ, summ, summ

Hoffmann von Fallersleben

Volkslied (19. Jhdt.)

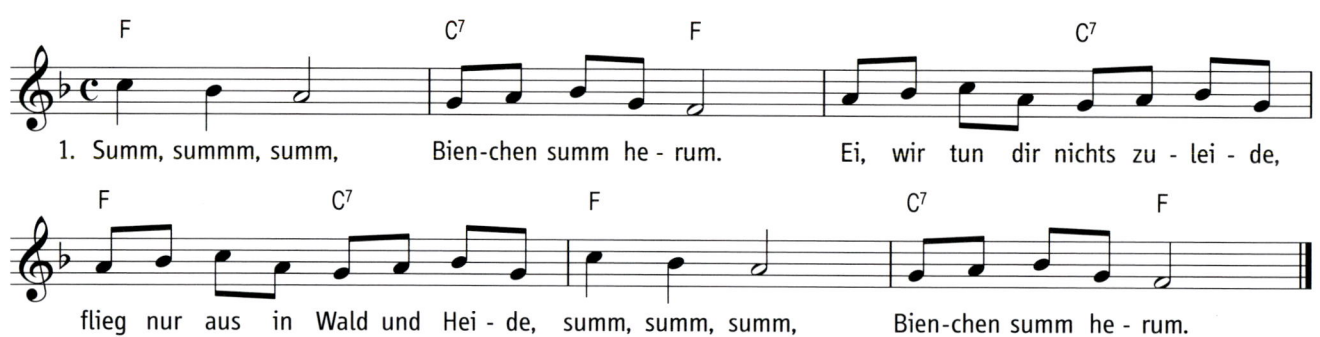

F C7 F C7
1. Summ, summm, summ, Bien-chen summ he - rum. Ei, wir tun dir nichts zu - lei - de,
F C7 F C7 F
flieg nur aus in Wald und Hei - de, summ, summ, summ, Bien-chen summ he - rum.

2. Summ, summ, summ! Bienchen, summ herum!
Such in Blumen, such in Blümchen
dir ein Tröpfchen, dir ein Krümchen!
Summ, summ, summ, Bienchen, summ herum!

3. Summ, summ, summ, Bienchen, summ herum!
Kehre heim mit reicher Habe,
bau uns manche volle Wabe!
Summ, summ, summ, Bienchen, summ herum!

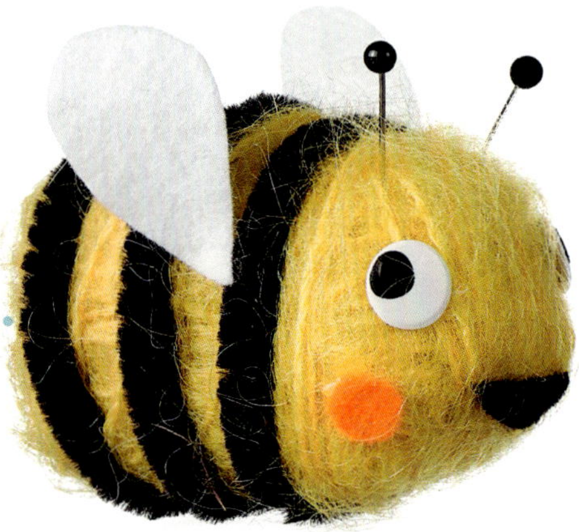

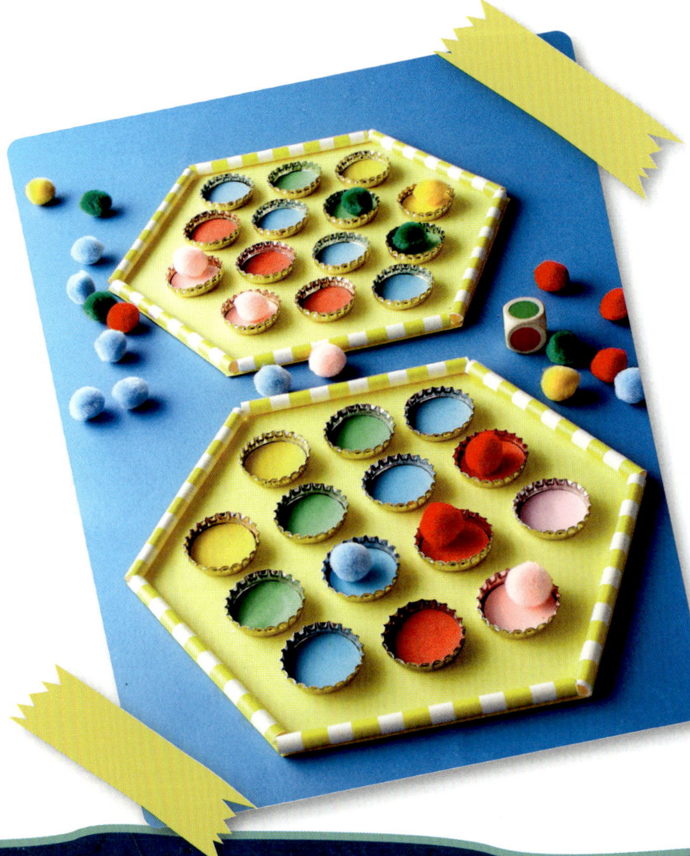

Kunterbunte Waben

Würfelspaß für fleißige Bienchen

Material

♪ Tonkarton in Gelb

♪ Tonpapierreste in Gelb, Grün, Blau, Rot und Rosa

♪ 6 Papiertrinkhalme

♪ 28 Kronkorken

♪ Pompons: 4 in Gelb, 6 in Grün, 8 in Blau, 6 in Rot und 4 in Rosa, ø 15 mm

♪ UHU Bastelkleber

♪ Motivlocher: Kreis, ø 2,4 cm

♪ Farbwürfel

1 Zuerst schnappst du dir die Trinkhalme und schneidest sie genau in der Mitte durch. Lege nun auf dem gelben Tonkarton aus je sechs Halmstücken die beiden Waben und klebe sie auf den Karton. Trocknen lassen. Danach kannst du die Waben ausschneiden.

2 Jetzt stanze aus Tonpapierresten die Papierkreise für die Kronkorken. Du brauchst: 4 gelbe, 6 grüne, 8 blaue, 6 rote und 4 rosa Kreise. Klebe sie in die Kronkorken und fertig sind die Farbnäpfe für deine Waben.

3 Zum Schluss verteile die Farbnäpfe gleichmäßig auf die Waben und rücke sie zurecht. Wenn alles richtig liegt, klebst du die Näpfe auf. Anschließend trocknen lassen. In der Zwischenzeit farblich passende Pompons und einen Farbwürfel bereitlegen.

SPIELIDEE

Zwei fleißige Bienchen füllen ihre Wabe mit bunten Blütenstaub-Kugeln. Würfelt abwechselnd. Der Farbwürfel zeigt, welche Farbe du nehmen darfst. Wer zuerst die Wabe mit passenden Pompons gefüllt hat, gewinnt das Spiel.

Herzallerliebst

flauschiges Honigbienchen

Vorlagen Seite 113

Material

- Zeitungspapier, halber Bogen
- flauschige Wolle in Gelb
- Chenilledraht in Schwarz
- Filzreste in Weiß, Orange und Schwarz
- 2 Reißzwecken in Weiß
- 2 Stecknadeln mit schwarzen Köpfen
- Perlonfaden
- Marker in Schwarz
- UHU Bastelkleber
- Sticknadel

1 Zerknautsche das Zeitungspapier zu einem länglichen Knäuel und umwickle es fest mit gelber Wolle. Achte darauf, dass die Form schön länglich bleibt.

2 Für die schwarzen Streifen schneide drei Stücke Chenilledraht zu, die gut um das gelbe Knäuel passen. Lege sie wie einen Gürtel um das Ei und verdrehe die Enden fest. Die Drahtspitzen so zurechtbiegen, dass sie dich nicht piksen.

3 Die Augen sind schnell gemacht. Gib an die Unterseiten der Reißzwecken einen Tropfen Kleber und drücke sie in die Biene. Dann male mit dem Marker die Pupillen auf. Tunke die Spitzen der Stecknadeln in Kleber und stecke deinem Bienchen Fühler an.

4 Als Nächstes schneide aus den Filzresten nach Vorlage die Flügel, den Mund und die Wangen zu. Klebe alles mit Bastelkleber an.

5 Zum Festhalten oder Aufhängen fädle mit der Sticknadel Perlonfaden durch den Rücken der Biene. Verknote die Enden des Fadens, damit er nicht wieder herausrutscht. Summ! Schon könnt ihr losfliegen!

Für heiße Sommertage

Bienenbar mit Tragegriff

1 Grundiere die Konservendose in Gelb. Farbe trocknen lassen. Jetzt lege die Dose mit der Öffnung zu dir. Male ringsum einen grünen Grasrand auf. Wieder alles trocknen lassen. Zuletzt noch eine Schicht Klarlack auftragen.

2 Während der Lack trocknet, biegst du den Draht wie auf dem Bild zu einem Griff. Er sollte etwa so breit sein wie deine Dose. Fädle auf jedes Drahtende 12 bunte Bügelperlen.

3 Um den Griff an der Dose zu befestigen, durchbohre den Dosenboden mit der Prickelnadel an zwei gegenüberliegenden Punkten. Stecke die Drahtenden durch die Löcher. Verdrehe sie in der Dose mit der Kombizange und biege alles in Form.

4 Jetzt klebst du mit Heißkleber und mit erwachsener Assistenz acht bunte Deckel rings herum an die bemalte Dose. Der neunte Deckel kommt oben auf die Dose.

Lege ein Gänseblümchen, etwas Moos oder ein Steinchen in jeden Wassernapf, so können die durstigen Bienen gut an der Bar landen!

5 Wenn du magst, schneide aus einem Rest Moosgummi ein Schild für deine Bienenbar und befestige es mit dünnem Draht am Griff. Wunderbar – jetzt fülle die Deckelnäpfchen mit Wasser und schon geht es ab in den Garten!

BAR

Alle meine Entchen

Volkslied (19. Jhdt.)

1. Al - le mei - ne Ent - chen schwim - men auf dem See, schwim-men auf dem See, Köpf-chen un - term Was - ser, Schwänz-chen in die Höh.

2. Alle meine Gänschen watscheln durch den Grund,
   watscheln durch den Grund,
   gründeln in dem Tümpel,
   werden kugelrund.

3. Alle meine Hühnerchen scharren in dem Stroh,
   scharren in dem Stroh,
   finden sie ein Körnchen,
   sind sie alle froh.

4. Alle meine Täubchen gurren auf dem Dach,
   gurren auf dem Dach,
   fliegt eins in die Lüfte,
   fliegen alle nach.

Auf hoher See

Enten-Angelspiel

Material

- Moosgummi in Weiß, A4
- Moosgummi in Gelb, A3
- Acrylfarbe in Schwarz, Orange und Rosa
- 5 Korken
- Sektkorken
- Holzstäbchen, 15 x 2 cm
- Bäckergarn, 45 cm lang
- Knopf, ø 10 mm
- Magnet, ø 10 mm
- 6 Reißzwecken
- Heißklebepistole

1 Als Erstes schneide nach Vorlage zwei Enten aus weißem Moosgummi und zehn Entenküken aus gelbem Moosgummi jeweils mit Flügeln zu. Schneide die Flügelspitzen fransig ein.

2 Klebe die Enten an den Köpfen aneinander. Damit die Enten im Wasser schwimmen können, klebe in die große Ente den Sektkorken und in die Entenküken je einen Weinkorken. Anschließend befestigst du die Flügel.

3 Male die Schnäbel orange an und tupfe Augen und rosa Wangen auf.

4 Stecke in jeden Entenkorken von oben eine Reißzwecke. Nun fehlt nur noch die Angel. Fädle das Bäckergarn durch den Knopf und befestige es mit einem Knoten. Dann klebe den Magneten an den Knopf. Binde das andere Garnende ans Holzstäbchen und schon kannst du deine Entchen angeln.

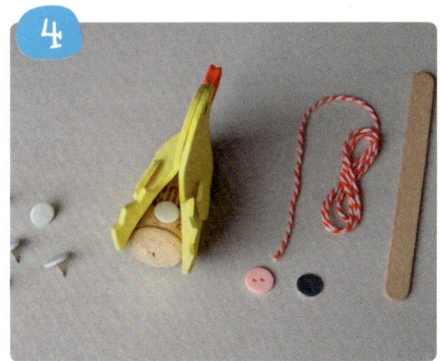

Zeit für gute Laune

lustige Federtier-Tombola

Material

- 12 Holzstäbchen, 15 x 2 cm
- Acrylfarbe in Weiß, Rosa, Rot, Hellblau, Gelb, Schwarz
- Tafelfarbe in Schwarz
- Tonpapierreste in Rot, Gelb und Orange
- Kreidestift
- UHU Bastelkleber
- 12 Wäscheklammern
- Zahnstocher
- Pappbecher

2 Danach beidseitig die Tafelfarbe auftragen. Zum Trocknen kannst du die Holzstäbe einfach in eine Wäscheklammer klemmen.

3 Jetzt schneide aus Tonpapierresten kleine runde Schnäbel für die Entchen, spitze Schnäbel für die restlichen Federviecher und drei rote Kämme für die Hühnerchen zu. Alles ankleben und den Kleber kurz trocknen lassen.

4 Tupfe mit dem Zahnstocher die Augen und die Hautlappen und Pünktchen der Hühnerchen auf. Die Täubchen bekommen einen weißen Pinselstrich um den Hals und rosa Wangen. Nun muss die Farbe trocknen.

1 Als Erstes wird je ein Ende der Holzstäbe beidseitig farbig grundiert. Die Entchen in Gelb, die Gänschen in Weiß, die Hühnerchen in Rosa und die Täubchen in Hellblau. Dann die Farbe trocknen lassen.

5 Lass dir ein paar lustige Aufgaben für deine Federtier-Tombola einfallen. Ist die Tafelfarbe getrocknet, schreibst du die Aufgaben mit einem Kreidestift auf die Stäbe. In einem Pappbecher stehen die Federviecher bereit und leisten Erste Hilfe bei schlechter Laune.

Watschel wie eine GANS

Schwimme wie eine ENTE

Picke wie ein HUHN!

Gackere wie ein HUHN!

Schnattere wie ein GÄNSCHEN!

Sag HÜHNERPOPO!

Fliege wie ein TÄUBCHEN

Tanz den ENTENTANZ

Gurre wie ein TÄUBCHEN

Wer beginnt, zieht mit geschlossenen Augen ein Stäbchen, erledigt die Aufgabe und legt das Stäbchen beiseite. Dann wird der Becher im Uhrzeigersinn weitergereicht. Sind alle Stäbchen gezogen, könnt ihr die Aufgaben wegwischen und euch neu ausdenken.

Es klappert die Mühle

Ernst Anschütz

Carl Reinecke

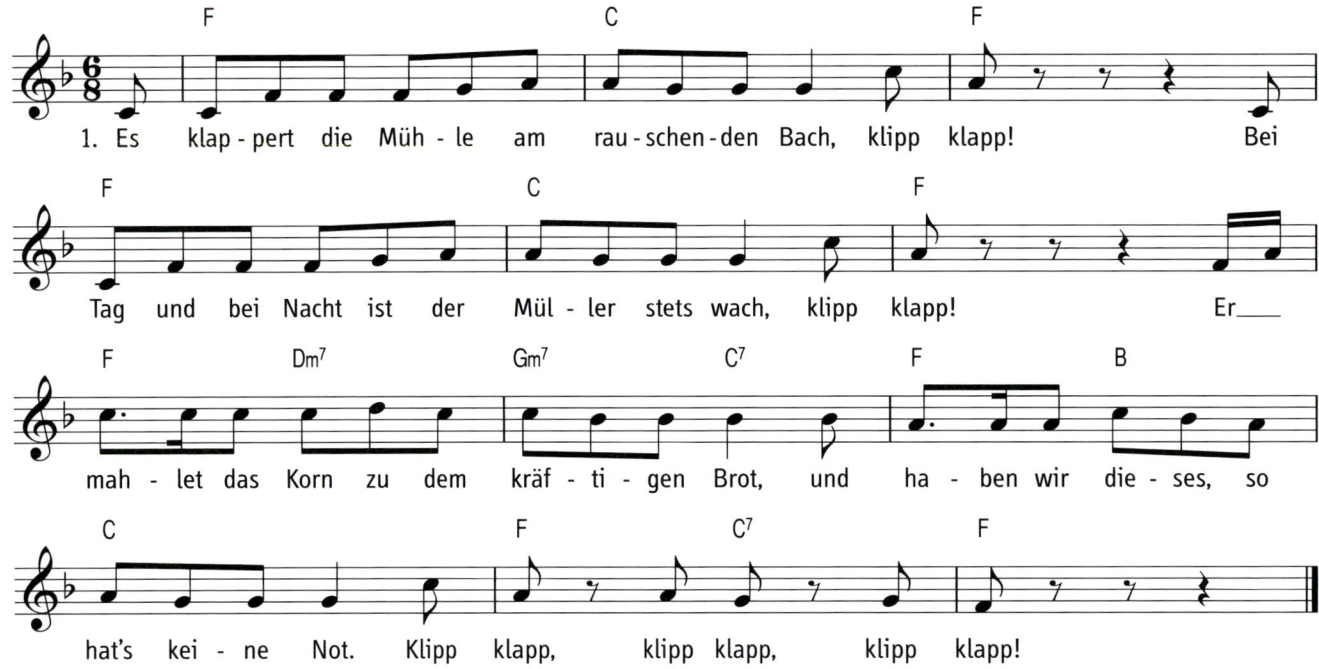

1. Es klap - pert die Müh - le am rau - schen - den Bach, klipp klapp! Bei
Tag und bei Nacht ist der Mül - ler stets wach, klipp klapp! Er___
mah - let das Korn zu dem kräf - ti - gen Brot, und ha - ben wir die - ses, so
hat's kei - ne Not. Klipp klapp, klipp klapp, klipp klapp!

2. Flink laufen die Räder und drehen den Stein,
klipp klapp!
Und mahlen den Weizen zu Mehl uns so fein,
klipp klapp!
Der Bäcker dann Zwieback und Kuchen draus bäckt,
Der immer den Kindern besonders gut schmeckt,
klipp klapp, klipp klapp, klipp klapp!

3. Wenn reichliche Körner das Ackerfeld trägt,
klipp klapp!
Die Mühle dann flink ihre Räder bewegt,
klipp klapp!
Und schenkt uns der Himmel nur immer das Brot,
so sind wir geborgen und leiden nicht Not,
klipp klapp, klipp klapp, klipp klapp!

Fischkonzert

klappernde Kastagnetten

Material

♪ Tonkarton in Hellblau und Gelb, 10 cm breit, 26 cm lang

♪ Tonpapierreste in Weiß, Orange und Rosa

♪ 2 Luftballons in Blau

♪ 4 Plastikdeckel

♪ UHU Bastelkleber

Vorlagen Seite 115

1 Zuerst faltest du die kurzen Kanten des Tonkartons aufeinander. Lege die Vorlage mit der Flosse an den Falz. Übertrage den Umriss und schneide die beiden Fische aus.

2 Aus den Tonkartonresten schneidest du für jede Fischseite acht Schuppen und klebst sie auf die Fische. Der gelbe Fisch bekommt hellblaue Schuppen und umgekehrt. Bereite aus bunten Tonpapierresten Augen, Mund und Wangen vor und klebe alles an.

3 Zum Festhalten der Klapperfische brauchst du ein paar Gummiringe. Schneide dafür von den zwei Luftballons die Kappen und die Hälse ab. Dann schneide den Rest in fingerbreite Ringe. Stülpe über jede Fischseite einen Gummiring.

4 Danach den Fisch aufklappen und die Plastikdeckel ankleben. Sobald der Kleber getrocknet ist, kannst du klipp klapp klapperdiklapp losklappern!

Wasser marsch!

erfrischendes Wasserrad

Material

- CD
- 10 Plastikdeckel
- 10 Strasssteine
- Moosgummirest in Blau
- gerader Stock, ø 2 cm, ca. 35 cm lang
- Nagel, 4 cm lang
- Acrylfarbe in Hellblau
- Permanentmarker
- UHU Alleskleber Kraft
- Heißklebepistole
- Kastanienbohrer
- Hammer

1 So ein Wasserrad sorgt für spritzigen Wasserspaß an heißen Sommertagen. Zuerst bemalst du einen Stock in Hellblau. Farbe trocknen lassen.

2 Inzwischen mit Heißkleber je einen Plastikdeckel mittig auf Vorder- und Rückseite der CD kleben. Dann bohrst du mit dem Kastanienbohrer genau in die Mitte der Plastikdeckel je ein Loch.

3 Klebe auf der unbedruckten CD-Seite acht Strasssteine gleichmäßig um den Plastikdeckel. Lege sie erst zurecht und klebe sie dann mit Alleskleber an. Danach den Kleber trocknen lassen.

4 Mit Hammer und Nagel befestigst du nun das funkelnde CD-Rad an dem Stock. Stecke den Nagel durch die vorbereiteten Löcher der Plastikdeckel und klopfe ihn dann vorsichtig in den Stock. Das geht am besten zu zweit. Damit sich das Rad gut drehten kann, den Nagel nicht komplett einschlagen, sondern etwas Luft zwischen Rad und Stock lassen. Dann einen Strassstein auf den Nagel kleben.

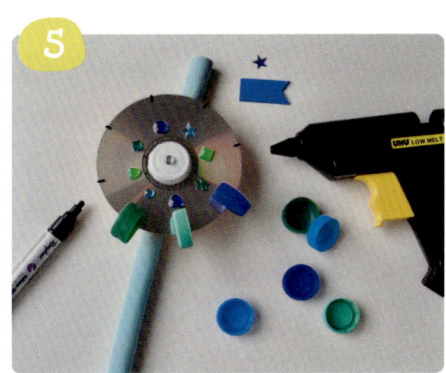

5 Für die Wasserschaufeln klebst du, wie auf dem Bild, die restlichen Plastikdeckel mit Heißkleber gleichmäßig auf das Rad. Achte darauf, dass die Deckelöffnungen immer in die gleiche Richtung zeigen. Zum Schluss schneide aus blauem Moosgummi ein Fähnchen und verziere es mit einem Strassstein. An den Stock kleben und fertig ist dein funkelndes Wasserrad! Stecke es draußen in den Sand und bringe es mit der Gießkanne in Schwung.

TIPP

Wenn du keinen Sandkasten oder Garten hast, stelle das Rad in eine Konservendose. Fülle sie rings um den Stock mit Kieselsteinen und schon kann dein Wasserrad stehen und sich drehen.

Hopp, hopp, hopp

Carl Hahn   Carl Gottlieb Hering

G   D⁷   G   D   G

1. Hopp, hopp, hopp,   Pferd-chen, lauf Ga-lopp.   Ü - ber Stock und   ü - ber Stei - ne,

D   G   D⁷   G

a - ber brich dir nicht die Bei - ne. Hopp, hopp, hopp, hopp, hopp,   Pferd-chen, lauf Ga-lopp.

2. Tipp, tipp, tapp!
   Wirf mich ja nicht ab!
   Zähme deine wilden Triebe,
   Pferdchen, tu es mir zuliebe!
   Tipp, tipp, tipp, tipp, tapp!
   Wirf mich ja nicht ab!

4. Ja, ja, ja,
   wir sind wieder da!
   Schwester, Vater, liebe Mutter,
   findet auch mein Pferdchen Futter?
   Ja, ja, ja, ja, ja!
   Wir sind wieder da!

3. Brr, brr, he!
   Steh doch, Pferdchen, steh!
   Sollst noch heute weiterspringen,
   muss dir doch erst Futter bringen.
   Brr, brr, brr, brr, he!
   Steh doch, Pferdchen, steh!

Zum Galoppieren

fesches Pferdegeschirr

Material

♪ Baumwollgarn in Rosa, Gelb und Mintgrün, ca. 55 m

♪ Filz in Dunkelgrau, 3 mm dick, A5

♪ Filzrest in Pink

♪ 4 kleine Knöpfe, 2 in Gelb und 2 in Mintgrün

♪ Nähgarn in Dunkelgrau und Rosa

♪ Glöckchen, 1,5 x 1 cm

♪ UHU Bastelkleber

♪ Metermaß

♪ Sicherheitsnadel

♪ Nähnadel

Vorlage Seite 115

1 Am besten beginnst du mit dem Halsgurt. Der ist kürzer als die Zügel und du kannst daran das Flechten üben. Bereite drei 90 cm lange Garnstränge in Rosa, Gelb und Mintgrün vor. Nimm für jeden Strang je nach Garndicke 10-15 Fäden.

2 Knote die drei Garnstränge an einem Ende zusammen. Bitte jemanden, den Knoten festzuhalten oder befestige ihn mit einer Sicherheitsnadel zum Beispiel am Sofa oder an einem Stuhlpolster.

3 Jetzt flichtst du die Garnstränge zu einem bunten Zopf. Das ist gar nicht so schwer. Lege die Stränge nebeneinander, sodass der gelbe in der Mitte liegt. Nun nimm den rosafarbenen Strang und lege ihn über den gelben. Dann lege den mintgrünen über den rosafarbenen. Als Nächstes den gelben Strang über den mintgrünen Strang legen, dann wieder von vorn beginnen und immer so weiter.

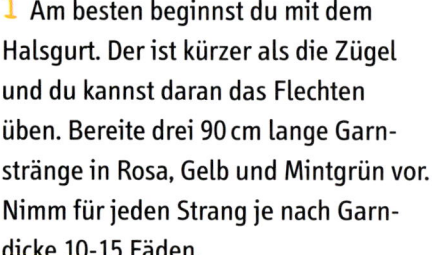

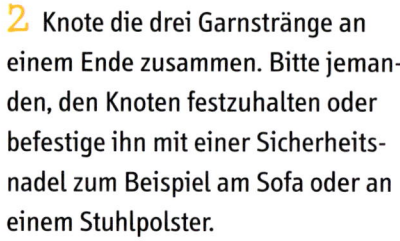

4 Das Ende des Zopfes 1 cm breit straff mit einem Faden umwickeln und mit einem Knoten schön fest zusammenbinden. Den dicken Knoten am Anfang des Zopfes abschneiden. Das Zopfende ebenso wie das andere straff mit einem Faden umwickeln und verknoten.

5 Für die beiden Zügel bereitest du von jeder Farbe zwei 1,80 m lange Garnstränge vor und flichtst daraus zwei Zöpfe. Umwickle die Zopfenden 1 cm breit straff mit Garn und verknote es gut. Dann die Wollstränge gerade abschneiden. Die dicken Knoten am Zopfanfang bleiben dran. Sie eignen sich gut zum Festhalten der Zügel.

6 Schneide nach Vorlage das Bruststück aus grauem Filz zu. Nähe die Enden des Halsgurtes wie auf dem Bild vorne daran fest. Danach nähst du mit dunkelgrauem Nähgarn auf der Rückseite die Zügel an.

7 Zum Schluss verziere das Geschirr mit einer pinkfarbenen Filzraute und kleinen Knöpfen. Einfach alles mit Bastelkleber ankleben. Noch das Glöckchen auf die Raute nähen und schon ist das Pferdegeschirr einsatzbereit. Pferdchen, lauf Galopp.

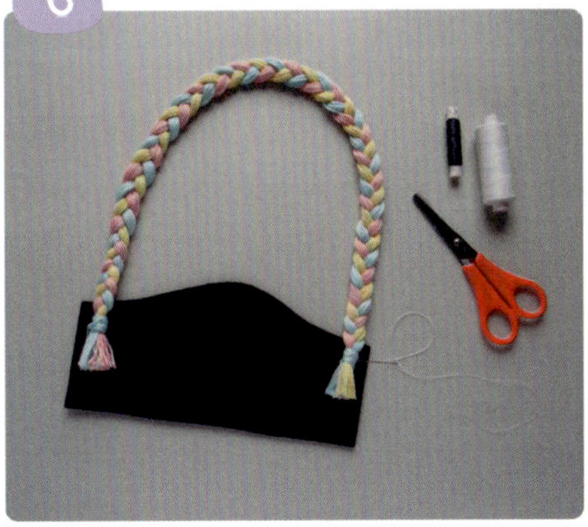

Zum Springen

stapelbare Hindernisse

Material

- 5 Konservendosen-Paare, verschiedene Größen
- gemusterte Papiere, z. B. gebrauchtes Geschenkpapier
- 12 Bögen Zeitungspapier
- Krepppapier in Gelb
- 4 Kiefernzapfen
- Acrylfarbe in Hellblau
- Washi Tape in Orange und Pink
- UHU Klebestift
- Heißklebepistole
- Kombizange
- Dosenöffner

1 Zuerst glättest du mit dem Dosenöffner und der Kombizange scharfe Kanten an den Dosen. Dann schneide für jedes Dosenpaar Papierstreifen zurecht, die einmal genau drum herum passen. Bestreiche die Papiere mit dem Klebestift und klebe sie um die Dosen.

2 Jetzt rollst du aus Zeitungspapier die Stangen. Dafür legst du je sechs Bögen genau aufeinander und rollst sie von einer Ecke aus diagonal auf. Das Ende mit einem Stück Washi Tape festkleben.

3 Dann schneide von einem Ende der Krepppapierrolle ein 5 cm breites Stück ab, sodass du eine schmale Rolle erhältst. Umwickle damit die Stangen aus Zeitungspapier. Die Krepppapierenden mit dem Klebestift festkleben. Anschließend die Stange mit einer Spirale oder Streifen aus Washi Tape verzieren.

4 Zum Schluss bemalst du noch die Kiefernzapfen in Hellblau. Wenn die Farbe getrocknet ist, klebe sie mit Heißkleber an die Enden der Stangen. Dafür erst die Stangenenden gerade abschneiden und die Kanten einen halben Zentimeter nach innen umknicken. Dann Heißkleber auftragen und die Zapfen andrücken. Nun sind die Hindernisse bereit zum Stapeln!

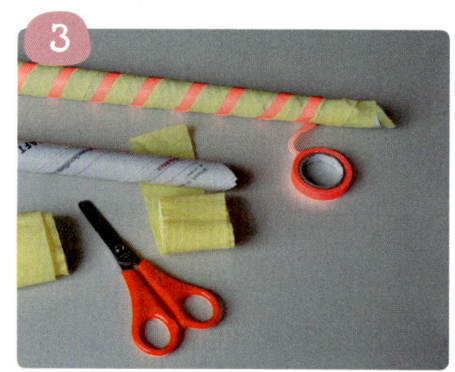

Staple für jedes Hindernis zwei Türmchen aus 2-3 Dosenpaaren und lege eine Stange darüber. Achte darauf, zwischen den Hindernissen etwas Abstand zu lassen. Anlauf nehmen und hopp! Wenn das gut klappt, versuche es mal mit einem Hindernis aus allen fünf Dosenpaaren!

Fuchs, du hast die Gans gestohlen

Ernst Anschütz

Volkslied

1. Fuchs, du hast die Gans ge-stoh-len, gib sie wie-der her, gib sie wie-der her! Sonst wird dich der Jä-ger hol-len mit dem Schieß-ge-wehr,_____ sonst wird dich der Jä-ger ho-len mit dem Schieß-ge-wehr.

2. Seine große, lange Flinte
schießt auf dich den Schrot,
schießt auf dich den Schrot,
dass dich färbt die rote Tinte
und dann bist du tot,
dass dich färbt die rote Tinte
und dann bist du tot.

3. Liebes Füchslein, lass dir raten,
sei doch nur kein Dieb,
sei doch nur kein Dieb.
Nimm, du brauchst nicht Gänsebraten,
mit der Maus vorlieb,
nimm, du brauchst nicht Gänsebraten,
mit der Maus vorlieb.

Schnapp die Gans!

ausgefuchstes Fangspiel

Material

♪ Klopapierrolle

♪ Acrylfarbe in Orange, Weiß und Schwarz

♪ Moosgummireste in Orange und Weiß

♪ Mini-Wäscheklammer

♪ Stück Bäckergarn, 40 cm lang

♪ Prickelnadel

Vorlagen Seite 116

1 Zuerst schneide nach Vorlage die Gans und den Fuchsschwanz aus Moosgummiresten zu.

2 Als nächstes grundiere die Klopapierrolle innen und außen in Orange. Male den Griff der kleinen Wäscheklammer orange und die andere Seite weiß an. Die Spitze des Fuchsschwanzes ebenfalls in Weiß anmalen. Trocknen lassen.

3 Drücke den Rand der Klopapierrolle auf einer Seite nach innen wie auf dem Bild, um die Fuchsohren zu formen. Klebe den Schwanz seitlich an und male dem Fuchs ein Gesicht. Die Gans klemmst du in die Wäscheklammer, tupfst die Augen auf und bemalst den Schnabel mit Orange.

4 Jetzt verbinde die beiden Tiere mit einem Stück Garn. Bohre mit der Prickelnadel ein Loch am Hinterkopf des Fuchses, befestige dort das Band und führe es durch die Rolle. Dann fädle das andere Garnende durch das Loch der Wäscheklammer und knote es dort fest. Bereit? Schnapp dir die Gans, wenn du kannst!

Für Partyfüchse

süß gefüllte Maus

1 Zuerst drückst du eine Klopapierrolle an einer Seite wie auf dem Bild ein. Prima, so sind schon die Mäusebeine geformt und die Rolle ist nach unten geschlossen. Umklebe die Rolle in der Mitte mit Washi Tape.

2 Aus der zweiten Rolle schneide nach Vorlage Ohren, Arme und einen kleinen Partyhut zu. Für den Schwanz schneide einfach einen schmalen Streifen von der Rolle und schneide ihn an einer Seite spitz zu. Verziere den Partyhut mit Washi Tape und klebe alle Teile an die Maus.

3 Jetzt noch mit Wasserfarbe ein fröhliches Mäusegesicht aufmalen, den rosa Pompon als Nase und den anderen auf den Partyhut kleben und schon kann die Maus süß gefüllt werden!

Diebisches Vergnügen

Maske für freche Füchse

1 Als Erstes schneide aus dem Moosgummi nach Vorlage den Fuchskopf und die Ohren aus. Dann zeichne mit Bleistift die Linien für den Bart, die Maske und alle anderen Details vor.

2 Jetzt male die weißen Flächen mit Acrylfarbe aus. Streue ein wenig Glitter in die feuchte Farbe. Danach male die schwarzen Flächen aus. Darauf keinen Glitter streuen. Trocknen lassen.

3 Klebe die Ohren von der Rückseite an die Maske. Zum Schluss tackerst du seitlich in Höhe der schwarzen Maske das Gummiband an. Male die Tackernadeln auf der Vorderseite schwarz an. Noch einen Moment trocknen lassen und schon kannst du dich in einen frechen Fuchs verwandeln.

Ein Männlein steht im Walde

Hoffmann von Fallersleben

Volkslied vom Niederrhein (um 1800)

1. Ein Männ - lein steht im Wal - de ganz still und stumm, es
hat von lau - ter Pur - pur ein Mänt - lein um.
Sag, wer mag das Männ - lein sein, das da steht im Wald al - lein
mit dem pur - pur - ro - ten_____ Män - te - lein.

2. Das Männlein steht im Walde auf einem Bein,
   und hat auf seinem Haupte schwarz Käpplein klein.
   Sagt, wer mag das Männlein sein,
   das da steht im Wald allein
   mit dem kleinen schwarzen Käppelein?

So ein Theater!

Waldbühne mit wundersamen Wesen

Material

♪ Versandkarton,
ca. 30 x 25 x 10 cm

♪ Acrylfarbe in Hellgrün und Gelb

♪ Filz in Dunkelgrün, A4

♪ Filzreste in Braun, Gelb, Rosa und Orange

♪ 5 Pompons in Rosa, ø 7 mm

♪ Bäckergarn, 50 cm lang

♪ Schwämmchen

♪ UHU Bastelkleber

♪ Washi Tape

♪ Cutter mit Schneideunterlage

Vorlagen Seite 116 + 117

1 Zuerst schneidest du den Deckel des Versandkartons ab, du brauchst ihn nicht. Dann male den Karton innen mit gelber und außen mit hellgrüner Farbe an. Das geht ganz flott mit einem Schwämmchen. Die Farbe anschließend gut trocknen lassen.

2 In der Zwischenzeit schneide schon mal nach Vorlage die Filzteile für die Tannen, das Grasbüschel und den Busch aus. Klebe dem Busch Blüten aus rosa Pompons an.

3 Weiter geht es mit dem bemalten Karton. Zeichne mithilfe der Vorlage die Klappfenster an und schneide den Karton mit dem Cutter so ein, dass sich die Fenster nach außen öffnen können. Dabei kann dir sicher jemand helfen. Wenn ihr die Klappen an den Knickstellen von innen leicht anritzt, lassen sie sich leichter umklappen.

4 Jetzt die Filztannen auf die gelben Fensterklappen kleben. Anschließend klebst du am inneren Bühnenrand das Grasbüschel und den Busch mit rosa Blüten an. Schneide aus den Filzresten sechs kleine Wimpel zu und klebe sie als Girlande an das Bäckergarn. Den Kleber trocknen lassen und danach die Girlande einfach mit zwei Streifen Washi Tape an den Seiten des Theaters befestigen. Die Waldbühne bereit!

Waldwesen

für die Waldbühne

Vorlagen Seite 117

Material

♪ Zweige

♪ 3 Eicheln

♪ 3 Eichelhütchen,

♪ 2 kleine Kiefernzapfen

♪ Walnussschale

♪ Bucheckern-Hülse

♪ Filzreste in Dunkelgrün und Gelb

♪ Acrylfarbe in Hellgrün, Rot, Rosa, Weiß, Schwarz und Gelb

♪ Pompon in Schwarz, ø 7 mm

♪ Tüllrest in Rosa

♪ UHU Bastelkleber

♪ Heißklebepistole

♪ Kastanienbohrer

1 Für die Hagebutte bemalst du einen Zweig mit zwei „Armen" in Hellgrün. Trocknen lassen. Dann bohre in die Unterseite einer Eichel ein Loch, stecke sie auf den grünen Zweig und male sie rot an. Wenn die Farbe trocken ist, das Gesicht aufmalen. Zuletzt klebe der Hagebutte einen schwarzen Pompon als Kappe an und beklebe die Zweige mit grünen Filzblättern.

2 Den Fliegenpilz machst du aus einer Eichel und einer Walnussschale. Bohre ein Loch unten in die Eichel und stecke sie auf einen dünnen Ast. Male sie weiß an. Kurz trocknen lassen und dann das Gesicht aufmalen. Der Ast bekommt hellgrüne Streifen. Die Nussschale rot anmalen und wenn die Farbe getrocknet ist, weiße Punkte auftupfen. Trocknen lassen. Mit Heißkleber der Eichel erst ein Eichelhütchen und dann den roten Pilzkopf aufkleben.

3 Eine kluge Eule darf natürlich auch nicht fehlen. Dafür malst du einen Zapfen hellgrün an. Trocknen lassen und zwei Eichelhütchen als Augen und einen kleinen gelben Schnabel aus Filz ankleben. Mit weißer und schwarzer Farbe die Augen bemalen. Während die Farbe trocknet, einen Zweig für den Baum der Eule aussuchen und die grünen Filzteile nach Vorlage zuschneiden. Mit Heißkleber Eule und Filz an den „Baum" kleben.

4 Zum Schluss noch die Waldfee. Als Erstes klebst du einen kleinen Ast an die Oberseite eines Zapfens. Nun klebe auf den Zapfen eine Eichel als Kopf und dann die Bucheckernhülse als Hut. Bemalen, trocknen lassen und der Waldfee noch einen rosa Tüllschal umbinden – fertig! Bühne frei ...

TIPP

Die Materialien für die Waldwesen findest du im Herbst in der Natur. Wie wäre es mit einem Spaziergang zum Sammeln? Die Materialien halten sich auch eine ganze Weile.

Morgens früh um sechs

Volkslied

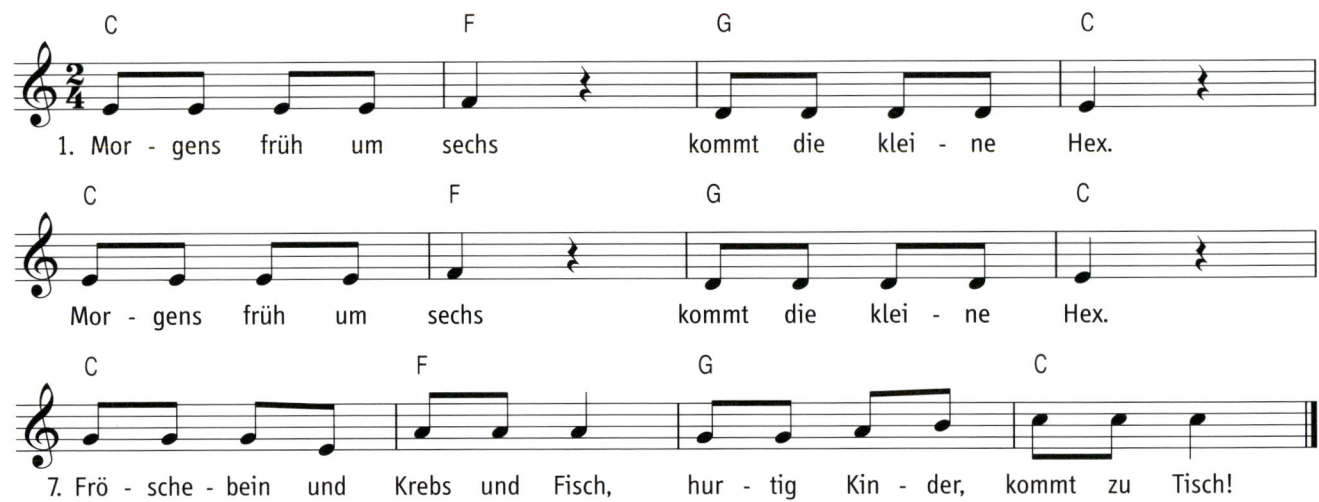

1. Mor - gens früh um sechs kommt die klei - ne Hex.

Mor - gens früh um sechs kommt die klei - ne Hex.

7. Frö - sche - bein und Krebs und Fisch, hur - tig Kin - der, kommt zu Tisch!

2. Morgens früh um sieb'n
schabt sie gelbe Rüb'n.

3. Morgens früh um acht
wird Kaffee gemacht.

4. Morgens früh um neun
geht sie in die Scheun'.

5. Morgens früh um zehn
holt sie Holz und Spän'.

6. Feuert an um elf,
kocht dann bis um zwölf.

7. Fröschebein und Krebs und Fisch,
hurtig Kinder, kommt zu Tisch!

Auf zur

Walpurgisnacht!

kleine Hexe

Vorlagen Seite 117

Material

♪ Sektkorken

♪ Tonpapierreste in Schwarz und Grün

♪ Acrylfarbe in Schwarz, Weiß, Rosa und Rot

♪ Papiertrinkhalm

♪ Glitter in Silber

♪ Gemüsenetz in Orange

♪ Garn, 50 cm lang

♪ UHU Bastelkleber

♪ Heißklebepistole

♪ Mini-Wäscheklammer

♪ Sticknadel, spitz

Vorlagen Seite 117

1 Zuerst grundiere den oberen Teil des Sektkorkens in Weiß. Trockenen lassen und ein lachendes Hexengesicht malen. Wieder trocknen lassen. Danach male den unteren Teil des Korkens schwarz an und streue ein wenig Glitter in die noch nasse Farbe.

2 Während die Farbe trocknet, schneide nach Vorlage den Hexenhut aus Tonpapier zu. Klebe erst den Kegel für den Spitzhut zusammen. Dann klebe den Hut auf den schwarzen Kreis, sodass er eine schöne Krempe bekommt. Bestreiche den Hut mit etwas schwarzer Farbe und streue Glitter auf. Aus grünem Tonpapier schneidest du die Schleife und klebst sie am Hut fest.

3 Klebe der Hexe eine wilde Frisur aus einem Stück Gemüsenetz. Das geht am besten mit Heißkleber. Auf die Haare klebst du den Hexenhut.

4 Für den Hexenbesen brauchst du ein 8 cm breites und 5,5 cm langes Stück schwarzes Tonpapier, Schneide eine lange Seite 3 cm weit fransig ein. Bestreiche die andere lange Seite mit Kleber und wickle sie um ein Ende des Trinkhalms. Klebe zwei dünne grüne Papierstreifen drum herum und zupfe den Besen in Form. Verziere ihn mit ein wenig schwarzer Farbe und Glitter.

5 Zum Schluss fädle mithilfe der Sticknadel einen Faden durch die Spitze des Huts und befestige daran die Wäscheklammer. Kürze den Besenstiel ein wenig und klebe ihn mit Heißkleber unter die Hexe. Und huiiii – auf geht's zur Walpurgisnacht!

Verhexte Zeit

Hexenuhr mit Krötenpendel

Material

♪ Kartonpappe, 28 cm breit, 30 cm lang

♪ Dreieck aus Kartonpappe, 32 cm breit, 29 cm hoch

♪ Tonpapierrest in Pink

♪ Zeitungspapier

♪ Krepppapier in Gelb, Grün und Schwarz

♪ Pappteller

♪ 3 Papiertrinkhalme

♪ Moosgummizahlen, selbstklebend

♪ Acrylfarbe in Rosa, Schwarz und Lila

♪ Filzrest in Schwarz

♪ Korken

♪ Stecknadel

♪ Holzperle in Lila, ø 10 mm

♪ 2 Wattekugeln, ø 10 mm

♪ 2 Wattekugeln, ø 12 mm

♪ Glitter in Silber

♪ Märchenwolle in Lila

♪ Bildaufhänger

♪ Musterklammer

♪ Schwämmchen

♪ UHU Bastelkleber

♪ UHU Klebestift

♪ Heißklebepistole

♪ Kreppklebeband

♪ Kastanienbohrer

Vorlagen Seite 119

1 Zuerst bemalst du die Pappteile für das Haus. Den Pappteller in Rosa, das rechteckige Kartonstück in Lila und das Dreieck für das Dach der Hexenuhr in Schwarz. Bestreue das schwarze Dach mit etwas Glitter, solange die Farbe noch nass ist. Dann muss alles trocknen.

2 Für die Zeiger schneide ein 6,5 cm langes und ein 7,5 cm langes Stück Trinkhalm zu. Plattdrücken und je ein Halmende mit schwarzen Filzdreiecken nach Vorlage bekleben. Lege nun die beiden anderen Halmenden aufeinander. Fädle die Holzperle auf die Stecknadel und pikse die Nadel dann durch die beiden Zeiger.

3 Von dem Korken schneide ein 2 cm dickes Stück ab und bemale es in Lila. Trocknen lassen. In der Zwischenzeit klebst du die Glitzer-Zahlen auf den Rand des rosa Papptellers. Danach das lila Korkenstück in die Mitte des Tellers kleben und die Zeiger aufstecken.

4 Als Nächstes bereitest du die Formen für Kröte, Spinne und Rüben vor. Für den Krötenkörper zerknautsche zwei Bogen Zeitungspapier. Mit Kreppklebeband umwickeln. Dann forme aus einem Viertelbogen den Spinnenkörper. Für die Rüben brauchst du je einen halben Bogen. Zerknautschen und mit Kreppklebeband umkleben.

5 Nun packst du die Formen in buntes Krepppapier ein. Drehe den Rübenformen wie auf dem Bild gelbe Zipfel. Kürze die oberen Zipfel etwas. Die Rübenblätter nach Vorlage zuschneiden und ankleben. Für die Spinne acht 4 cm breite und 10 cm lange Krepppapierstreifen zu dünnen Beinen verdrehe und ankleben. Arme und Beine der Kröte aus 8 cm breiten und 11 cm langen Krepppapierstücken drehen. Ankleben und die Enden zackig schneiden.

6 Klebe der Spinne und der Kröte Augen aus Wattekugeln auf. Die Pupillen rollst du aus schwarzem Krepp. Dann schneide die Münder aus pinkfarbenem Tonpapier zu. Alles ankleben. Zum Schluss die Kröte mit gelben Krepppapierstücken verzieren.

7 Jetzt baust du die Hexenuhr mit Heißkleber zusammen. Lass dir dabei von einem Erwachsenen assistieren. Klebe als Erstes das Haus zusammen. Um die Kröte als Pendel aufzuhängen, drücke von einem Trinkhalm die Enden platt. Klebe ein Ende an den Rücken der Kröte. Bohre in das andere Ende und unten in die Hausmitte ein Loch. Stecke die Musterklammer hindurch und biege die Enden auseinander. Anschließend das Ziffernblatt, die Rüben und die Spinne aufkleben.

8 Für den Schornstein drücke ein Trinkhalmstück platt. Drehe aus lila Märchenwolle einem Rauchzipfel und klebe ihn an den Trinkhalm. Dann den Schornstein von hinten an das Dach kleben. Zum Schluss auf der Rückseite des Daches noch den Bildaufhänger ankleben. Hex, hex, hex!

Ich geh mit meiner Laterne

Volkslied (19. Jhdt.)

Refrain Ich geh' mit mei-ner La-ter - ne und mei-ne La-ter-ne mit mir. Da

o - ben leuch-ten die Ster - ne, hier un-ten da leucht - ten wir. 1. Der

Hahn, der kräht, die Katz mi - aut. Ra - bim-mel ra-bam-mel ra - bum. Der

Hahn, der kräht, die Katz mi - aut. Ra - bim-mel ra-bam-mel ra - bum.

Refrain: Ich geh' ...
2. |: Ein Lichtermeer zu Martins Ehr.
Rabimmel, rabammel, rabumm. :|

Refrain: Ich geh' ...
3. |: Der Martinsmann, der zieht voran.
Rabimmel, rabammel, rabumm. :|

Refrain: Ich geh' ...
4. |: Wie schön es klingt, wenn jeder singt.
Rabimmel, rabammel, rabumm. :|

Refrain: Ich geh' ...
5. |: Laternenlicht, verlösch mir nicht!
Rabimmel, rabammel, rabumm. :|

Refrain: Ich geh' ...
6. |: Mein Licht ist aus, ich geh nach Haus.
Rabimmel, rabammel, rabumm. :|

Magisch

nachtleuchtende Sterne

Material

- lufttrocknende Modelliermasse in Weiß
- Nachtleuchtfarbe
- Acrylfarbe in Schwarz
- Glitter Glue, nachtleuchtend
- Chenilledrahtreste in Silber
- UHU Bastelkleber
- Haftknete
- Keksausstecher Stern
- Nudelholz
- Pappunterlage

1 Schneide dir ein Stück von der Modelliermasse ab und rolle es mit dem Nudelholz bleistiftdick aus. Steche mit dem Keksausstecher soviel Sterne aus, wie du magst. Hebe die Sterne vorsichtig hoch und lege sie zum Trocknen auf eine Pappe. Wenn nötig glätte die Kanten noch etwas. Dafür einfach den Zeigefinger in Wasser tunken und damit über die Sternkanten streichen. Trocknen lassen.

2 Jetzt bemalst du deine Sterne mit nachtleuchtender Farbe. Trage am besten zwei Schichten auf, damit es überall schön leuchtet. Trocknen lassen. Dann male mit schwarzer Farbe das Gesicht auf. Wieder alles gut trocknen lassen.

3 Damit die Sterne auch tagsüber schick aussehen, verziere sie noch mit Glitter Glue. Male damit jedem Stern einen Partyhut und bunte Punkte oder Streifen. Danach muss noch einmal alles trocknen.

4 In der Zwischenzeit bereite aus silbernem Chenilledraht kleine Pompons für die Partyhüte vor. Schneide einfach 5 cm lange Drahtstücke zurecht und wickle daraus kleine Kugeln. Ankleben und fertig sind die Leuchtsternchen. Du kannst sie mit Haftknete ganz leicht an der Wand befestigen.

HINWEIS

Die Modelliermasse braucht ein paar Tage zum Trocknen. Plane dafür also einfach zwei Bastelnachmittage ein!

Kikeriki!

Hahnen-Laterne

Material

♪ Papierlampion in Weiß, ø 20 cm

♪ Tonkarton in Weiß, A4

♪ Tonkartonreste in Gelb und Schwarz

♪ Krepppapier in Rot, Fuchsia, Gelb und Grün

♪ UHU Klebestift

♪ Heißklebepistole

♪ LED-Teelicht oder Lichterkette

♪ Laternenstab

♪ Bürohefter

Vorlagen Seite 118

1 Schneide aus Tonkarton die Teile für den Kopf, den Schnabel und die Augen nach Vorlage zu. Dann aus Krepppapier Kämme, Kinnlappen und die beiden Kreise für die Wangen zuschneiden. Schnabel und Kämme zwischen die Kopfteile kleben. Dabei nur die Köpfe mit Kleber bestreichen, die Hälse werden nicht zusammengeklebt. Alle restlichen Teile ankleben.

2 Schneide nach Vorlage zwei Flügel und 12 kleine Dreiecke aus grünem Krepppapier zu. Verziere die Flügel mit kleinen Zacken, indem du das Papier locker umknickst und vom Falz aus kurze schräge Schnitte setzt. Anschließend wieder auseinanderfalten und die Zacken nach außen umknicken.

3 Für die bunten Schwanzfedern schneidest du 9 cm breite und 23 cm lange Streifen aus Krepppapier. Du brauchst je zwei in Rot, Fuchsia, Gelb und Grün. Schneide noch einen weißen Tonkartonkreis mit etwa 5 cm Durchmesser aus. Falte den Kreis in der Mitte und tackere nun an jede Kreishälfte vier Krepppapierstreifen. Raffe sie dafür jeweils an einer kurzen Kante fächerförmig zusammen. Zuletzt die Federn in Form schneiden.

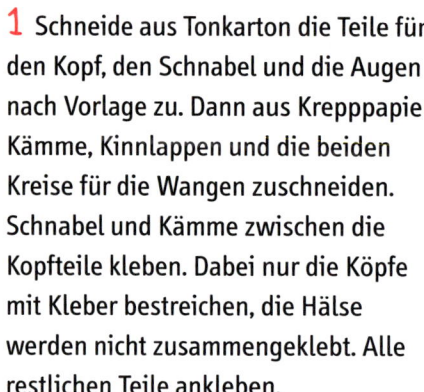

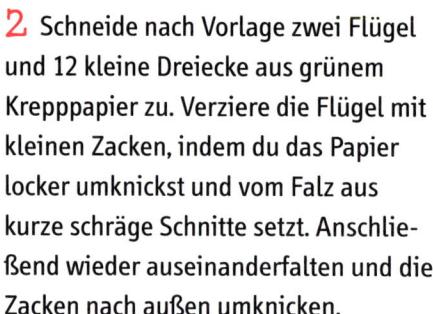

4 Jetzt wird alles an den Papierlampion geklebt. Um den Kopf anzukleben, biege die Halsseiten nach außen um, sodass du auf jeder Seite eine Klebkante erhältst. Mit Heißkleber an den Lampion kleben. Als Nächstes die Schwanzfedern festkleben. Die dünnen Flügel klebst du mit dem Klebestift an.

5 Zum Schluss schneide noch ein paar lange, gelbe Krepppapierstreifen und knote sie locker unten an den Draht des Lampions. Wenn du magst, schmücke deinen Laternenstab, indem du ihn spiralförmig mit einem Streifen aus fuchsiafarbenem Krepp umwickelst. Die Enden mit Klebestift festkleben.

6 Bringe deinen Hahn mit einem LED-Teelicht oder einer Lichterkette zum Leuchten. Dann hänge ihn an einen Laternenstab und schon seid ihr bereit für den Laternenumzug. Kikeriki!

Rabimmel, Rabammel, Rabumm!

Katzen-Tamburin

Material

♪ 2 Pappteller

♪ Filz in Gelb, A5

♪ Filzreste in Orange, Grün, Lila und Schwarz

♪ Acrylfarbe in Schwarz

♪ 2 Wackelaugen, oval, ø 18 mm

♪ 6 Glöckchen, 1 x 1,5 cm

♪ Satinband in Lila, 7 mm breit, 1,20 lang

♪ Glitter

♪ Schwämmchen

♪ UHU Klebestift

♪ Nagelschere

♪ Stecknadeln

Vorlagen Seite 119

1 Zuerst grundierst du die Unterseiten der Pappteller mit schwarzer Farbe. Das geht wunderbar mit einem Schwämmchen. Damit es nachher schön funkelt, streue etwas Glitter in die noch nasse Farbe. Trocknen lassen.

2 Inzwischen schneide die Filzteile aus. Stecke die Vorlage für den Katzenkopf mit ein paar Nadeln auf gelben Filz und schneide die Form aus. Danach schneidest du die kleinen Filzteile für das Gesicht aus und klebst sie auf den Katzenkopf. Zuletzt schneide für den Rand des Tamburins je sechs Dreiecke in Gelb, Orange und Grün zu.

3 Nun lege die glitzernden Pappteller mit den Rändern aufeinander. Schneide das Satinband in 6 gleichlange Teile. Mit den kurzen Bändern verbindest du die Pappteller. Bohre dafür mit der Nagelschere vorsichtig ein Loch durch den Tellerrand. Ziehe ein Satinband hindurch und verknote es, sodass die Teller verbunden sind. Dann fädle noch ein Glöckchen auf das Band und binde einen Doppelknoten. Befestige die restlichen Bänder und Glöckchen gleichmäßig verteilt genauso.

4 Zum Schluss klebst du auf einer Seite des Tamburins den Katzenkopf auf. Wackelaugen ankleben und danach noch den Rand mit bunten Filzdreiecken bekleben. Juhu – Zeit für ein wenig Katzenmusik!

Schneeflöckchen, Weißröckchen

nach Hedwig Haberkern

Volkslied (20. Jhdt.)

1. Schnee - flöck - chen, Weiß - röck - chen wann__ kommst du ge - schneit,
du__ wohnst in den Wol - ken, dein__ Weg ist so weit.

2. Komm, setz dich ans Fenster,
du lieblicher Stern.
Malst Blumen und Blätter.
Wir haben dich gern!

3. Schneeflöckchen, du deckst uns
die Blümelein zu.
Dann schlafen sie sicher
in himmlischer Ruh'.

4. Schneeflöckchen, Weißröckchen
komm zu uns ins Tal.
Dann bau'n wir den Schneemann,
und werfen den Ball.

Wie im Wintermärchen

tanzende Schneeflocken

- Papier-Muffinförmchen in Weiß, ca. 25 Stück
- Acrylfarbe in Schwarz, Gelbgrün, Rosa und Hellblau
- Bäckergarn in Hellblau, ø 1 mm
- 7 Holzperlen in Weiß, ø 8 mm
- 7 Holzperlen in Weiß, ø 16 mm
- 7 Schaschlikstäbchen
- Glitter in Silber
- Zahnstocher
- Butterbrotpapier (Rolle)
- UHU Klebestift
- Klebefilm
- Nagelschere
- Sticknadel, spitz

1 Zuerst bereitest du die Köpfe der Schneeflocken vor. Stecke dafür die sieben großen Holzperlen auf Schaschlikstäbchen, so kannst du sie zum Bemalen gut festhalten. Male drei Perlen hellblaue Kappen, zwei in Rosa sowie zwei in Gelbgrün und streue Glitter in die nasse Farbe. Anschließend mit dem Zahnstocher die kleinen Gesichter der Flocken auftupfen.

2 Während die Farbe trocknet, schneidest du aus 20 Muffinförmchen die Schneeflocken. Dafür streiche sie glatt und falte sie wie auf dem Bild zum Halbkreis, zum Viertelkreis und noch einmal. Mit der Nagelschere schneide an der Rundung Bögen und Zacken. In die gefalzten Seiten schneidest du Bögen, halbe Herzen, Schlitze und Zacken ein. Vorsichtig auseinanderfalten und schon hast du lauter Schneeflocken.

3 Schneide sieben ca. 40 cm lange Fäden vom Bäckergarn ab und binde jeweils an ein Fadenende eine kleine Holzperle. Danach fädle mit der Sticknadel die Schneeflocken und die Köpfchen auf. Unter jeder Flocke eine Perle festbinden.

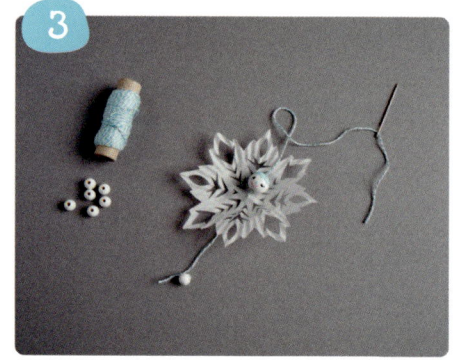

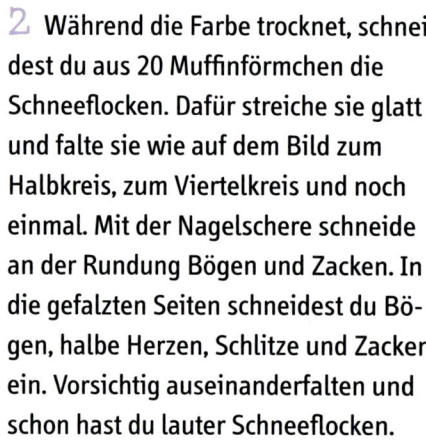

4 Jetzt fehlt noch die Schneewolke. Schneide ein 90 cm langes Stück Butterbrotpapier von der Rolle ab. Falte die kurzen Kanten aufeinander. Zeichne auf die obere Papierlage eine Wolke und schneide sie doppelt aus.

5 Klebe die beiden Papierwolken am Rand mit Klebestift aufeinander. Lasse an der Oberseite eine ca. 15 cm breite Öffnung. Dann beklebe die Vorderseite der Wolke mit den restlichen Schneeflocken aus Schritt 2.

6 Damit die zarte Wolke beim Anbringen der Fäden nicht einreißt, umklebe den Rand dort, wo du die Fäden anbringen möchtest, mit einem Stück Klebefilm. Dann ziehe die Fäden der Schneeflocken mit der Sticknadel durch die verstärkten Stellen.

7 Hänge die Schneeflocken mit den blauen Köpfen unter die Wolke. Die vier restlichen hängst du zu zweit untereinander dazwischen.

8 Fülle die Wolke mit den fünf übrigen Muffinformen, um ihr ein bisschen Volumen zu geben. Zuletzt oben an der Wolke ein Band zum Aufhängen befestigen. Zauberhaft, oder? Hänge deine Schneewolke ins Fenster und lasse die Flocken tanzen!

Lass es schneien!

Schneekugel mit Schneemann

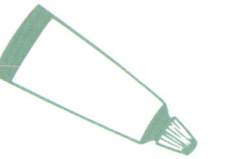

Material

♪ Fimo® Soft in Weiß

♪ Fimo®-Reste in Schwarz und Orange

♪ Schraubglas, ø ca. 8,5 cm, ca. 9,5 cm hoch

♪ Acrylfarbe in Mintgrün

♪ Stoffstreifen in Grün, 1 cm breit, 14 cm lang

♪ 5 Holzperlen in Hellblau, ø 10 mm

♪ Holzperle in Mintgrün, linsenförmig, ø 16 mm

♪ Plastikdeckel in Orange

♪ destilliertes Wasser

♪ etwas Glyzerin oder Spüli

♪ 1-2 Eierschalen in Weiß

♪ etwas Glitter

♪ UHU Alleskleber Kraft

♪ Zahnstocher

♪ Backpapier

1 Für den Schneemann teilst du den Fimo®-Block in der Mitte. Forme aus einer Hälfte zwei Kugeln. Aus der zweiten Hälfte formst du einen Schneehügel. Rolle dafür eine Kugel und setze sie in die Mitte des Schraubglasdeckels. Drücke die Kugel unten platt an, sodass ein Hügel entsteht. Achte dabei darauf, am Deckelrand genug Platz für das Schraubglas zu lassen.

2 Nimm den Schneehügel vorsichtig vom Deckel ab. Lege ihn auf ein Stück Backpapier, stapele die beiden Kugeln darauf und drücke sie leicht an. Forme eine kleine Möhre und drücke sie an den Schneemann. Rolle kleine schwarze Kügelchen für Gesicht und Knöpfe. Befestige sie mithilfe des Zahnstochers. Für den Hut rolle eine murmelgroße Kugel und drücke sie platt. Setze eine fingerdicke 1,5 cm lange Rolle darauf. Dem Schneemann den Hut aufsetzen, nach Packungsanleitung backen und abkühlen lassen.

3 Während der Schneemann im Ofen backt, bemale die Oberseite des Schraubglasdeckels in Mintgrün. Farbe trocknen lassen.

4 Binde dem Schneemann den grünen Stoffstreifen als Schal um und schneide die Schalenenden zu Fransen. Dann klebe die Figur in den Deckel. Den Kleber gut trocknen lassen, damit nachher im Wasser alles gut hält.

5 Zerdrücke die Eierschalen zu kleinen Schneeflocken. Das geht gut mit einem Löffel. Gib die Schneeflocken und einen halben Teelöffel voll Glitter in das Schraubglas. Dann füllst du es bis einen halben Zentimeter unter den Rand mit destilliertem Wasser auf. Gib etwas Glyzerin oder Spüli hinzu.

6 Über der Spüle drehst du den Deckel auf das Glas. Achtung, das könnte etwas spritzen! Bitte dann einen Erwachsenen den Deckel zur Sicherheit noch mal ganz fest zuzudrehen.

7 Nun klebe deiner Schneekugel vier Füße aus hellblauen Perlen an. Kleber trocknen lassen. Zuletzt klebst du oben auf die Kugel ein Türmchen aus dem Plastikdeckel und den restlichen Holzperlen. Trocknen lassen – fertig!

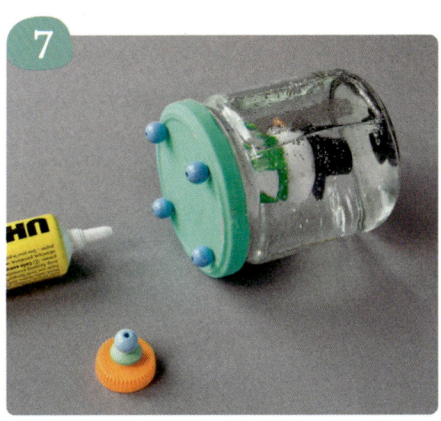

Der Mond ist aufgegangen

Matthias Claudius

Johann Abraham Peter Schulz

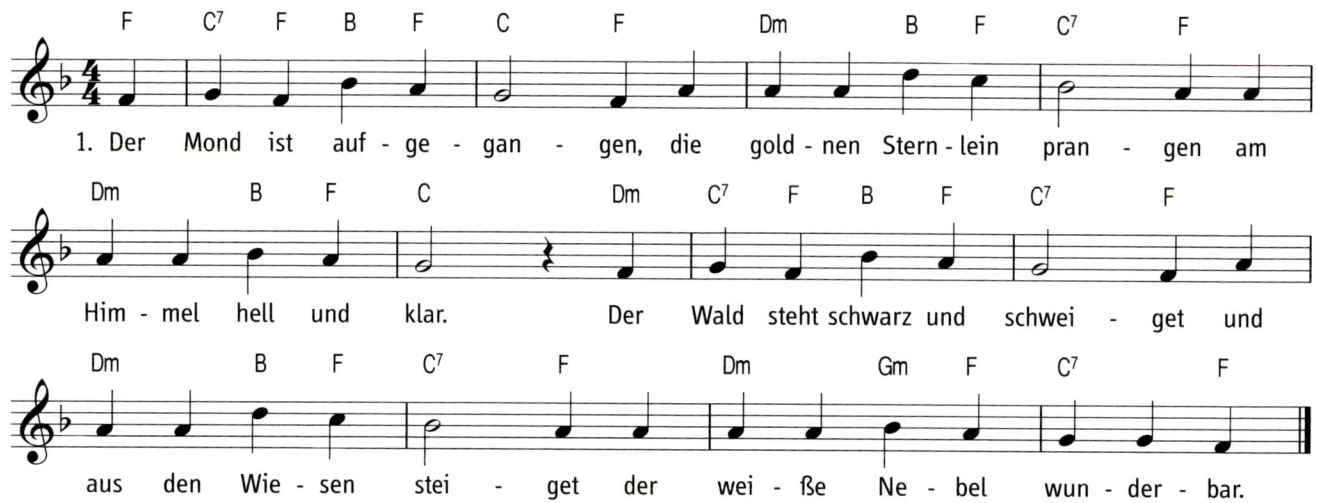

F C7 F B F C F Dm B F C7 F
1. Der Mond ist auf - ge - gan - gen, die gold - nen Stern - lein pran - gen am
Dm B F C Dm C7 F B F C7 F
Him - mel hell und klar. Der Wald steht schwarz und schwei - get und
Dm B F C7 F Dm Gm F C7 F
aus den Wie - sen stei - get der wei - ße Ne - bel wun - der - bar.

2. Wie ist die Welt so stille
und in der Dämmerung Hülle
so traulich und so hold
als eine stille Kammer,
wo ihr des Tages Jammer
verschlafen und vergessen sollt.

3. Seht ihr den Mond dort stehen?
Er ist nur halb zu sehen
und ist doch rund und schön.
So sind wohl manche Sachen,
die wir getrost belachen,
weil unsre Augen sie nicht sehn.

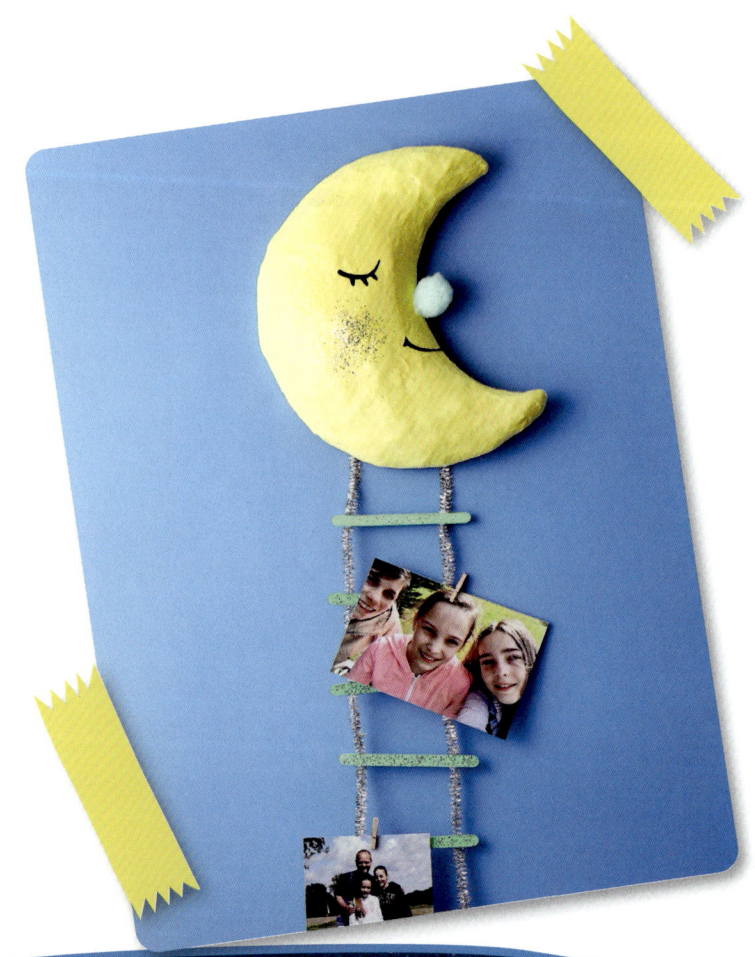

Mondschein to go

Mond im Sternenbecher

Vorlagen Seite 119

Material

♪ Pappbecher

♪ Glitterkartonrest in Gold

♪ Tonpapierreste in Weiß, Rosa, Mintgrün und Gelb

♪ Acrylfarbe in Schwarz

♪ Filzstift in Schwarz

♪ Schaschlickstäbchen

♪ Korken

♪ UHU Bastelkleber

♪ Motivlocher: Stern, 15 mm

♪ Bürolocher

♪ Messer mit Schneideunterlage

♪ Kastanienbohrer

♪ Schleifpapier

1 Zuerst schneide von dem Korken eine 5 mm dicke Scheibe ab und schleife sie mit Schleifpapier glatt. Dann kürze das Schaschlikstäbchen an der stumpfen Seite um 5 cm. Lass dir am besten dabei helfen!

2 Male den Pappbecher, das Schaschlikstäbchen und die Korkenscheibe komplett schwarz an. Die Farbe gut trocknen lassen.

3 Inzwischen schneide nach Vorlage aus weißem Tonpapier die Mondseiten und aus Glitterkarton die Mützen zu. Klebe die Mützen auf die Monde. Mit dem Filzstift Augen und Mund malen.

4 Bestreiche die Rückseite eines Mondes mit Kleber. Lege das Schaschlikstäbchen mit der Spitze mittig auf die untere Mondhälfte. Dann den zweiten Mond darauflegen und ringsum etwas andrücken. Trocknen lassen.

5 Mit den Bürolocher bereitest du buntes Konfetti aus Tonpapier vor. Dann stanze mit dem Motivlocher funkelnde Sternchen aus Glitterkarton. Klebe die Punkte und die Sterne innen und außen auf den Becher.

6 Um den Mondstab am Becher zu befestigen, bohre ein Loch in die Mitte des Becherbodens und stecke den Stab hindurch. Anschließend durchbohre die Korkenscheibe mittig und stecke sie auf das Stabende. Bewege den Stab, um den Mond auf- und untergehen zu lassen. Die Scheibe stützt den aufgegangenen Mond, wenn du den Becher abstellen möchtest.

Bis zum Mond!

Strickleiter für Lieblingsbilder

♪ Kartonpappe, ca. A3

♪ Zeitungspapier

♪ Acrylfarbe in Weiß, Hellgelb, Pastellgrün und Schwarz

♪ Klarlack

♪ 4 Chenilledrähte in Silber, 50 cm lang

♪ 12 Holzstäbchen, 15 x 2 cm

♪ Pompon in Mintgrün

♪ Bildaufhänger

♪ Mini-Wäscheklammern

♪ Glitter

♪ Kreppklebeband

♪ Mehlkleister (Rezept S. 11)

♪ Heißklebepistole

♪ Schleifpapier

♪ Prickelnadel

1 Zuerst bereitest du den Pappmaché-Mond vor. Zeichne mithilfe eines Tellers einen Kreis auf die Kartonpappe. Dann lege den Dessertteller auf die rechte Hälfte des Kreises, um den Halbmond anzuzeichnen.

2 Jetzt schneide den Mond aus. Polstere die obere Seite mit zerknautschtem Zeitungspapier aus, damit der Mond plastischer wird. Die Papierknäuel einfach mit Kreppklebeband auf der Pappe befestigen und zum Schluss komplett mit Klebeband umwickeln.

3 Reiße dir einen Vorrat an Zeitungspapierstreifen. Tunke die Streifen in Mehlkleister und lege sie um die Mondform. Trage mindestens drei Papierschichten auf. Danach muss der Mond ein bis zwei Tage trocknen.

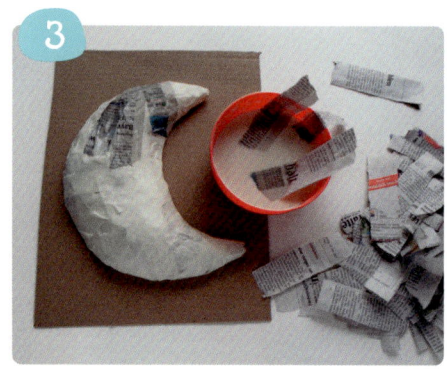

4 Für die Strickleiter bemalst du die Holzstäbchen in Pastellgrün und streust Glitter in die noch nasse Farbe. Trocknen lassen. Je zwei silberne Chenilledrähte zu einem langen Strang verbinden. Klebe aus den beiden Strängen und den Holzstäbchen wie im Bild die Strickleiter.

5 Weiter geht es mit dem Mond. Glätte die Oberfläche mit Schleifpapier. Dann den Mond mit weißer Acrylfarbe grundieren und trocknen lassen. Anschließend hellgelb grundieren und das Gesicht aufmalen. Ist die Farbe getrocknet, trage eine Schicht Klarlack auf. Streue etwas Glitzer auf die Wange, solange der Lack feucht ist.

6 Ist alles gut getrocknet, klebst du dem Mond mit Heißkleber die Pompon-Nase an. Mit der Prickelnadel bohre auf der Rückseite vorsichtig zwei Löcher und stecke die oberen Enden der Strickleiter hinein. Zuletzt klebe den Bildaufhänger an und schon kann dein Mond in deinem Zimmer aufgehen. Mit den Mini-Klammer kannst du Fotos, Einladungen oder Erinnerungen an die Leiter klammern!

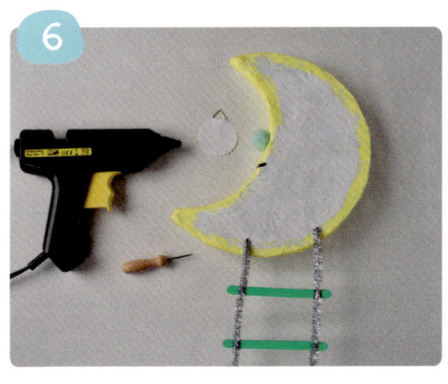

Für die
Vollmondparty

geheimnisvolle Mondphasen

1 Zuerst bemalst du den Ast zum Aufhängen in Blau. Trocknen lassen.

2 Inzwischen zeichne auf dünner Pappe mithilfe eines Bechers die Mondformen an. Einen Kreis für den Vollmond und einen für die Halbmonde, den du in der Mitte teilst. Danach noch je zwei Kreise für die Dreiviertelmonde und die schmalen Mondsicheln. Verschiebe deine Schablone, um die Sicheln in den Kreisen anzuzeichnen. Alle Formen ausschneiden.

3 Bemale die Mondformen von beiden Seiten mit silberner Farbe. Damit sie später schön funkeln, streue Glitter darüber, solange die Farbe noch nass ist. Dann muss alles gut trocknen.

4 Die vier Papiertrinkhalme in der Mitte durchschneiden. Du brauchst später sieben halbe Halme.

5 Schneide einen 1 m langen Faden vom Bäckergarn ab. Fädle ihn durch die Sticknadel und pikse die Nadel durch den Vollmond. Danach beide Garnenden durch die Nadel fädeln. Nun eine farbige Bügelperle, eine weiße, eine schwarze, danach die Holzperle und zuletzt einen halben Trinkhalm auffädeln. Bereite auf diese Weise alle Monde vor.

6 Im Anschluss alle Monde an den blauen Ast binden. Den Vollmond in die Mitte, daneben die Dreiviertelmonde, dann die Halbmonde und außen die schmalen Mondsicheln. Achte darauf, dass der Vollmond unten hängt und die anderen Monde nach außen hin immer ein Stückchen höher. Ganz zum Schluss noch einen Faden zum Aufhängen an die Astenden binden und schon bist du bereit für die Vollmondparty!

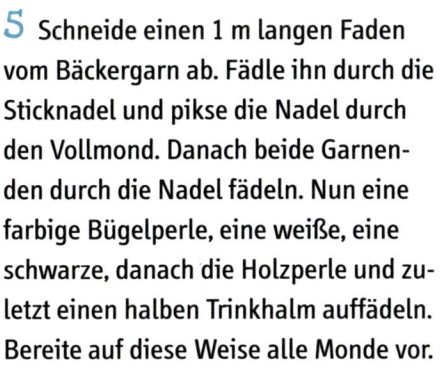

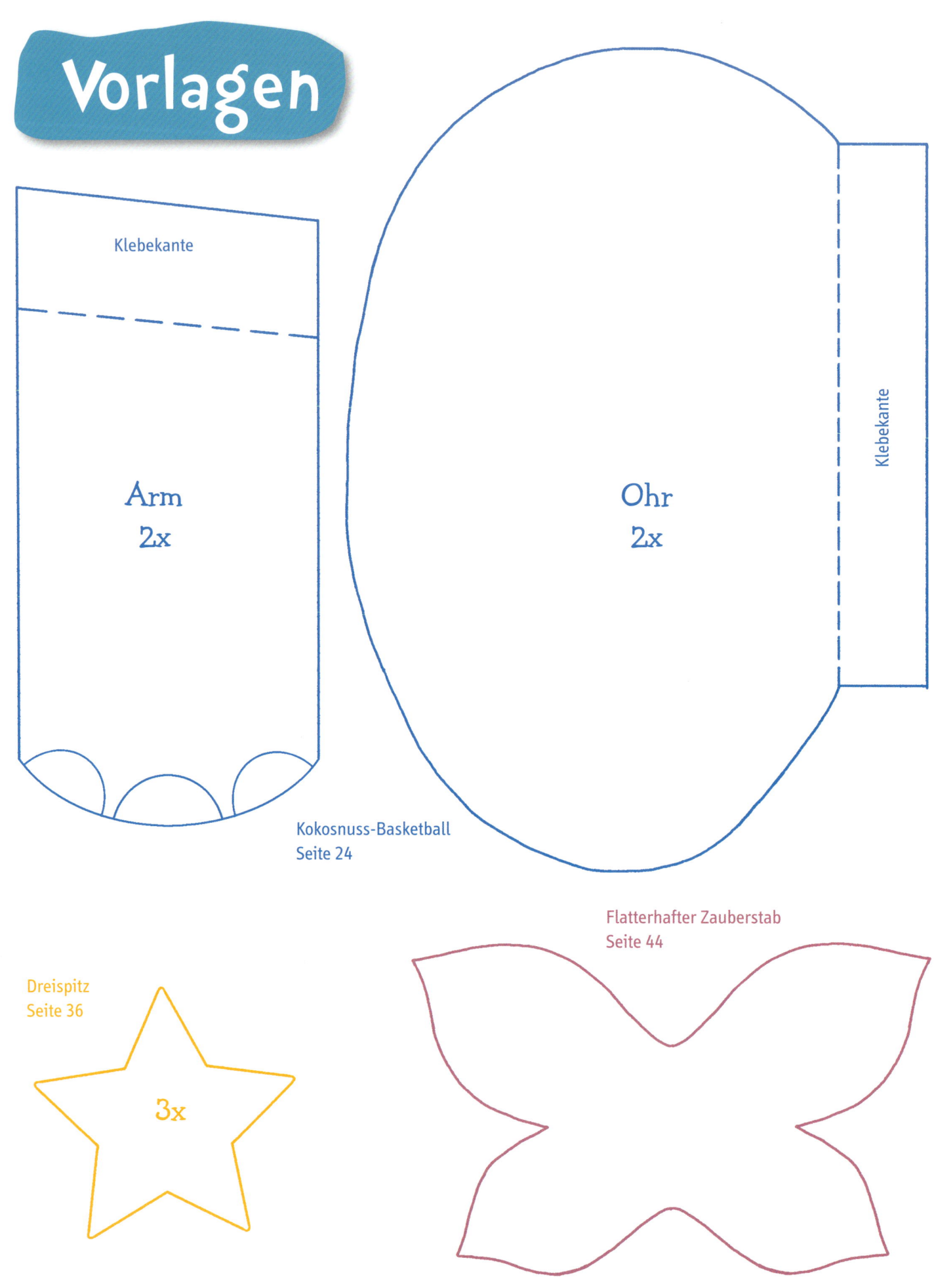

Vorlagen

Klebekante

Arm
2x

Ohr
2x

Klebekante

Kokosnuss-Basketball
Seite 24

Flatterhafter Zauberstab
Seite 44

Dreispitz
Seite 36

3x

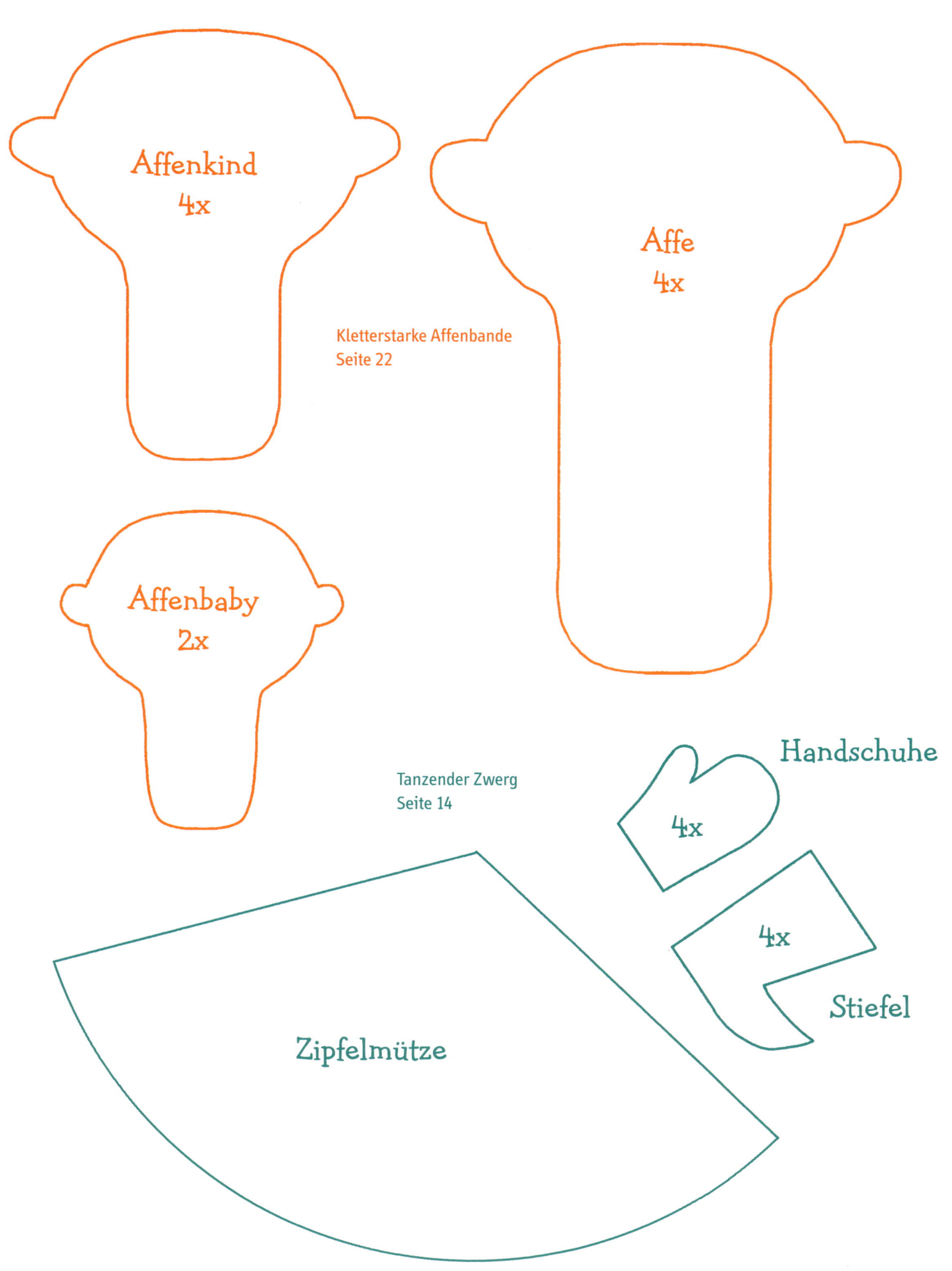

Affenkind
4x

Affe
4x

Kletterstarke Affenbande
Seite 22

Affenbaby
2x

Handschuhe

Tanzender Zwerg
Seite 14

4x

4x

Stiefel

Zipfelmütze

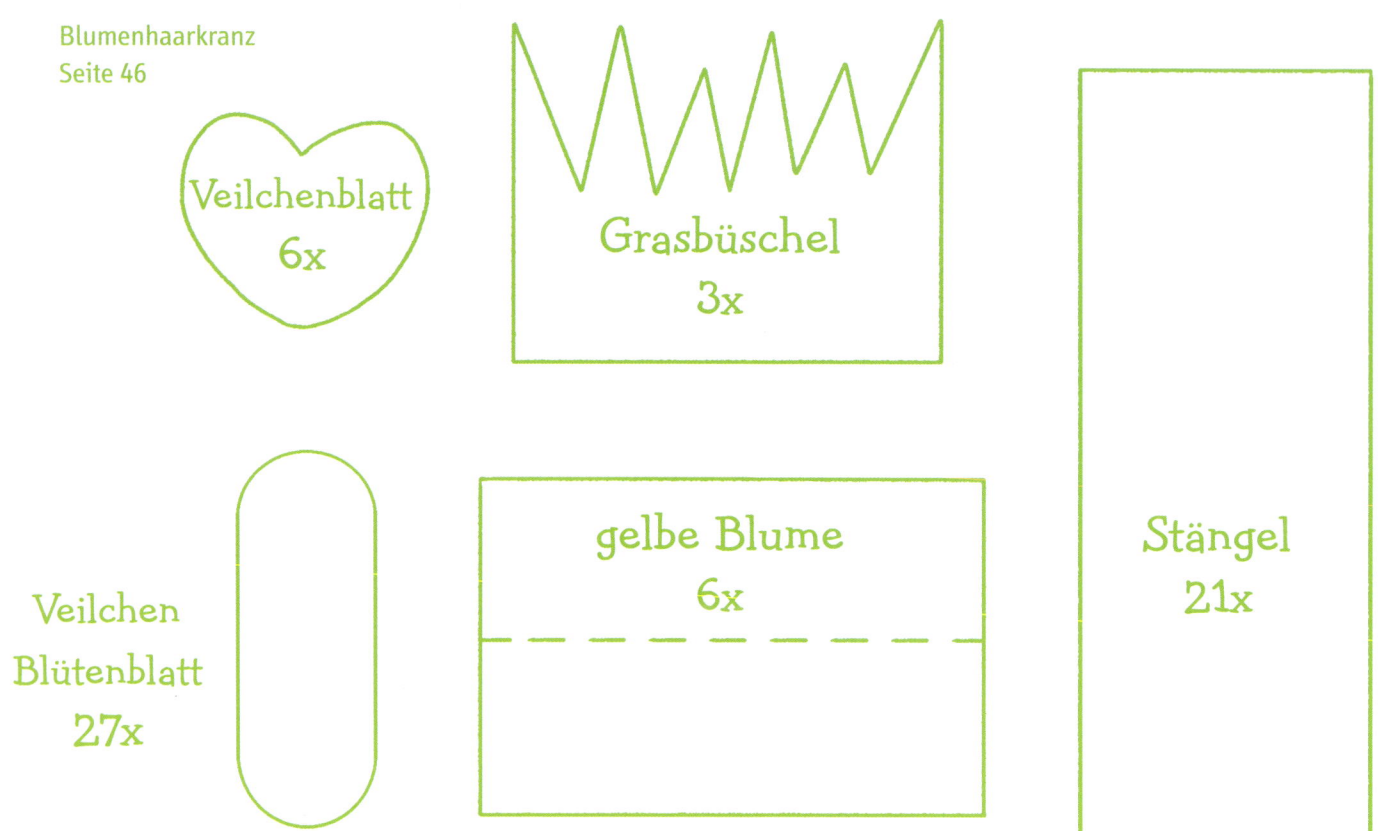

Blumenhaarkranz
Seite 46

Veilchenblatt
6x

Grasbüschel
3x

Veilchen
Blütenblatt
27x

gelbe Blume
6x

Stängel
21x

Enten-Angelspiel
Seite 61

2x

2x

10x

10x

112

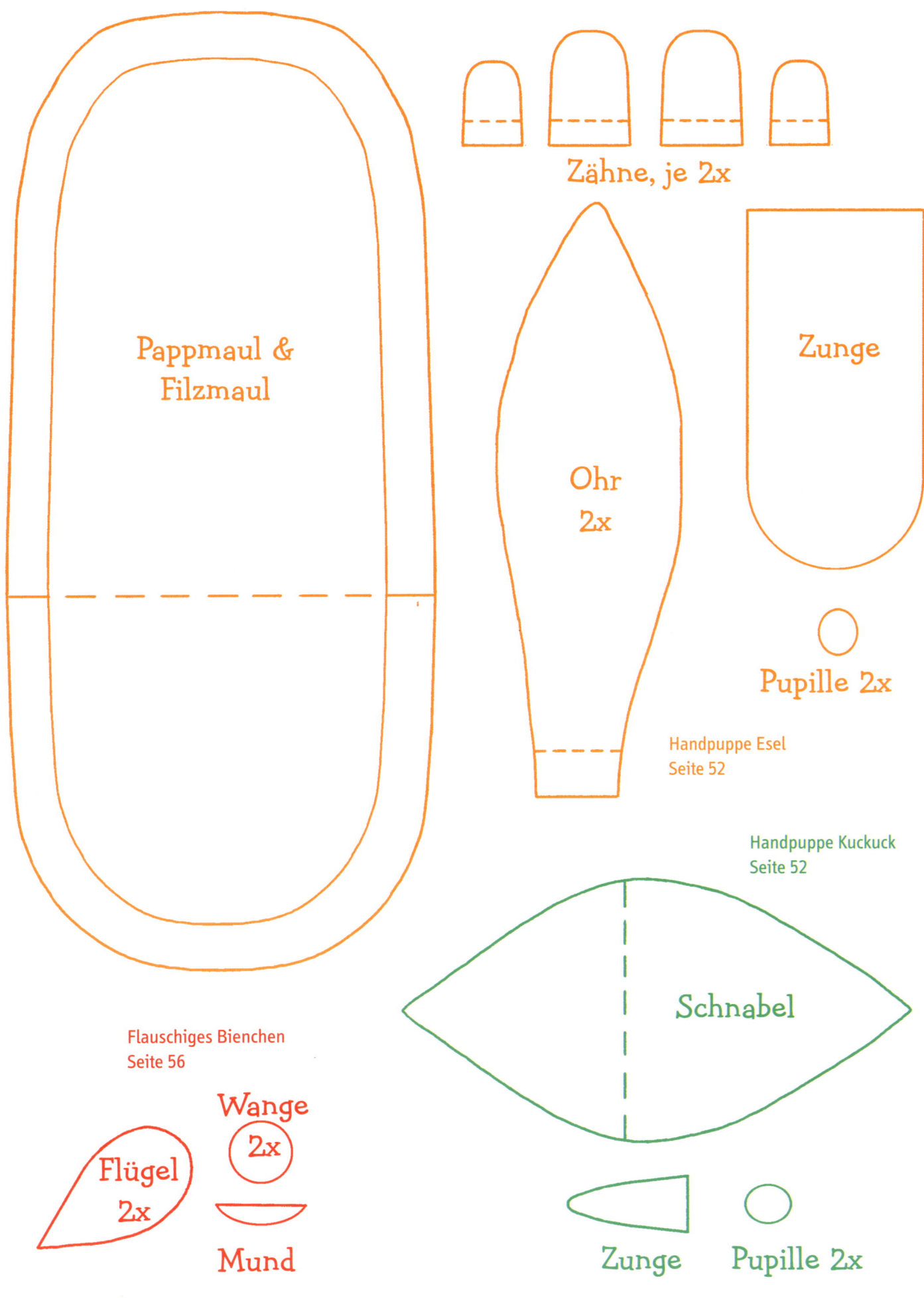

Zähne, je 2x

Pappmaul &
Filzmaul

Ohr
2x

Zunge

Pupille 2x

Handpuppe Esel
Seite 52

Handpuppe Kuckuck
Seite 52

Flauschiges Bienchen
Seite 56

Schnabel

Wange
2x

Flügel
2x

Mund

Zunge

Pupille 2x

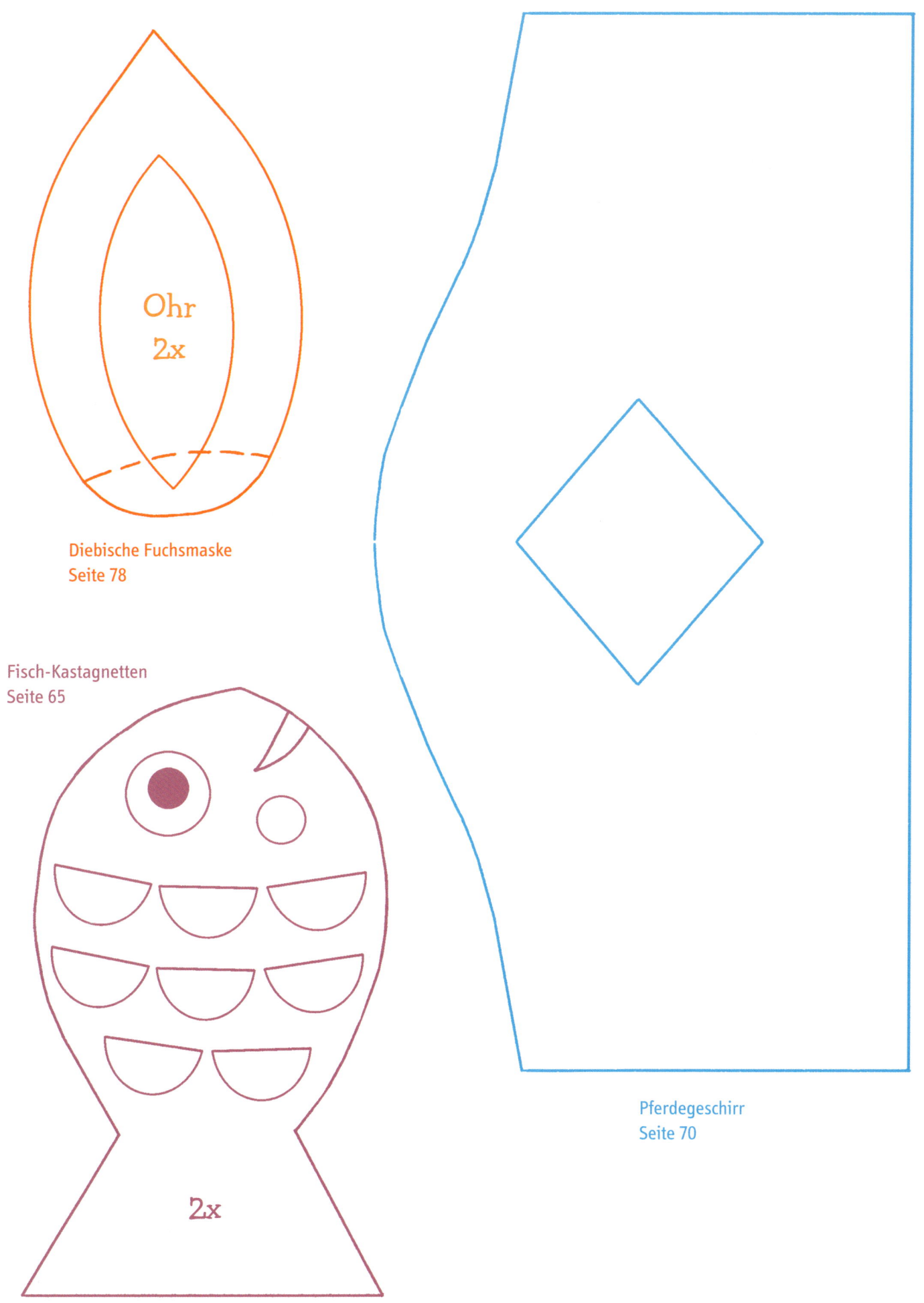

Ohr
2x

Diebische Fuchsmaske
Seite 78

Fisch-Kastagnetten
Seite 65

2x

Pferdegeschirr
Seite 70

115

Süße Maus
Seite 77

Ohr
2x

Arm 2x

Hut

Fuchs-
schwanz

Ausgefuchstes Fangspiel
Seite 76

Waldbühne
Seite 81

2x

Busch

2x

Gras-
büschel

Wimpel 6x

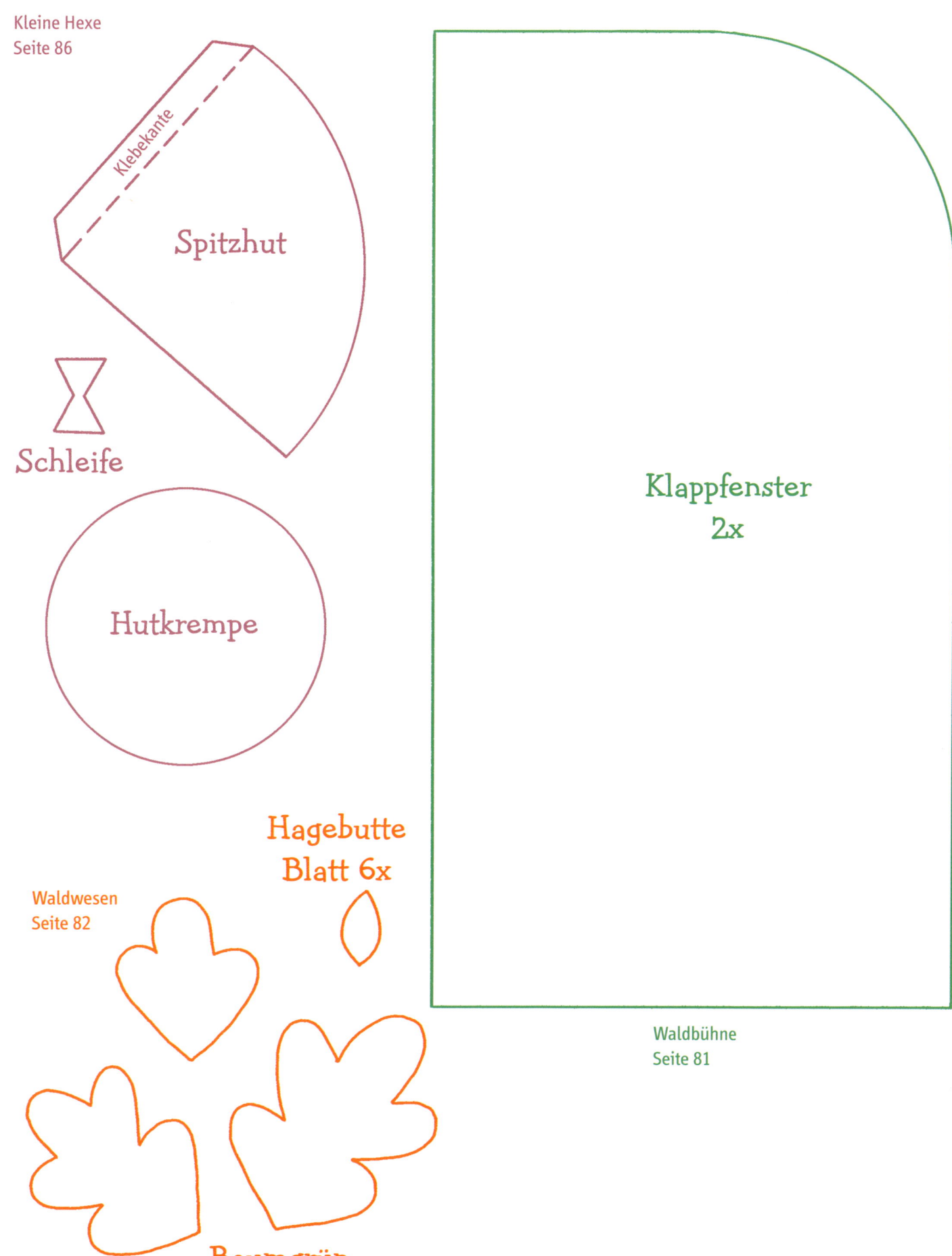

Kleine Hexe
Seite 86

Klebekante

Spitzhut

Schleife

Hutkrempe

Klappfenster
2x

Hagebutte
Blatt 6x

Waldwesen
Seite 82

Waldbühne
Seite 81

Baumgrün

117

Hahnen-Laterne
Seite 92

Auge
2x
Wange
2x
Kopf
2x
Kamm
2x
Kinnlappen
2x
Schnabel
Flügel
2x

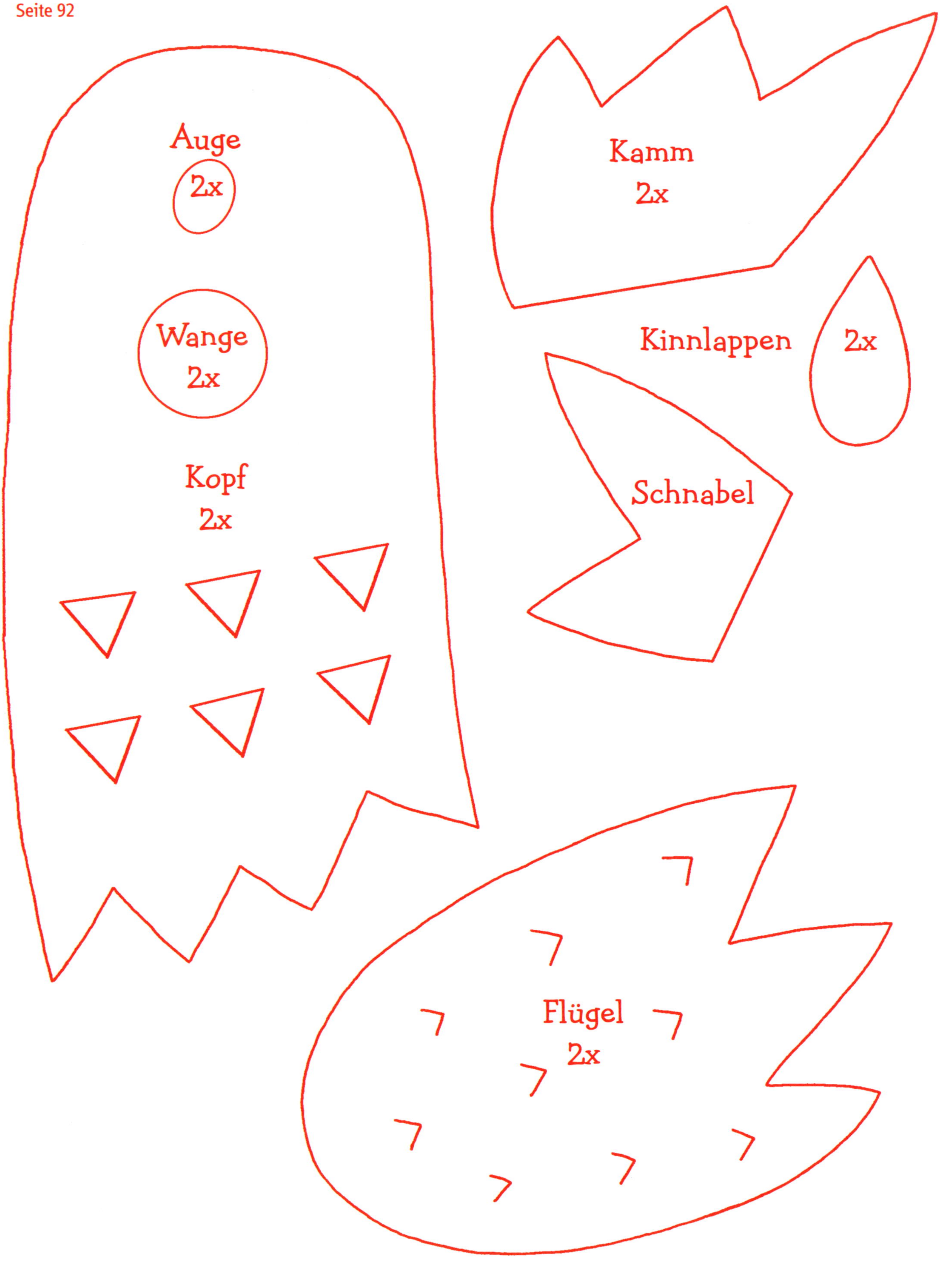

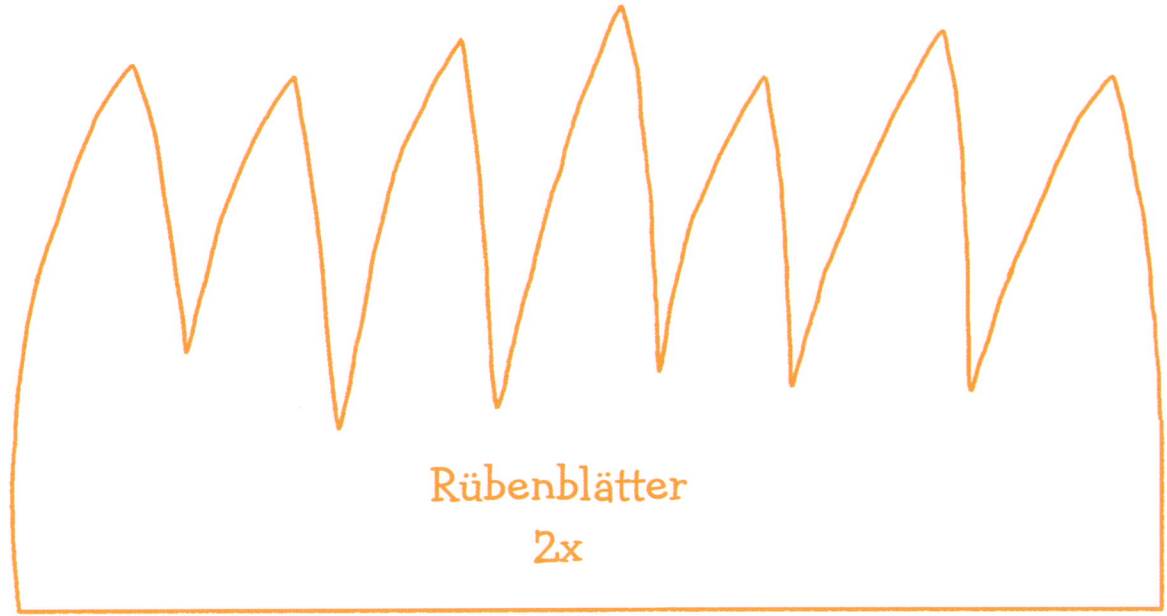

Rübenblätter
2x

Verwunschene Hexenuhr
Seite 88

Uhrzeiger

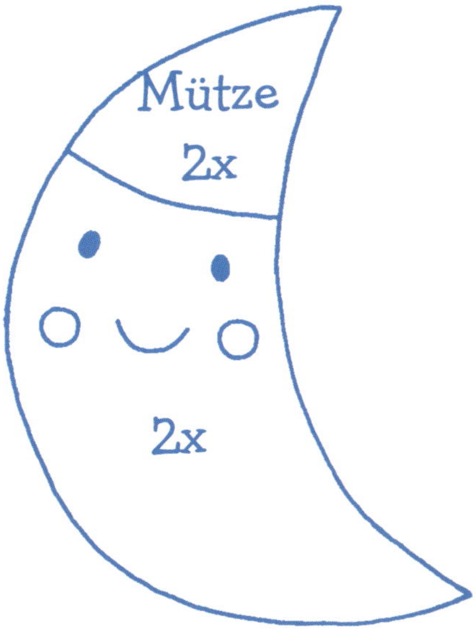

Mütze
2x

2x

Mond im Sternenbecher
Seite 104

Katzen-Tamburin
Seite 94

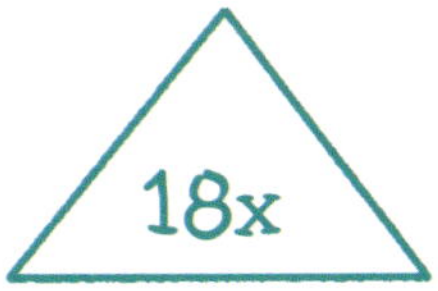

18x

Buchempfehlungen für Dich

Noch mehr Kreativ-Bücher zum gleichen Thema gesucht?

ISBN 978-3-7724-4951-2

ISBN 978-3-7724-8429-2

ISBN 978-3-7724-4966-6

ISBN 978-3-7724-7954-0

ISBN 978-3-7724-8485-8

ISBN 978-3-7724-8438-4

ISBN 978-3-7724-4466-1

ISBN 978-3-7724-4465-4

ISBN 978-3-7724-4463-0

ISBN 978-3-7724-4464-7

ISBN 978-3-7724-4978-9

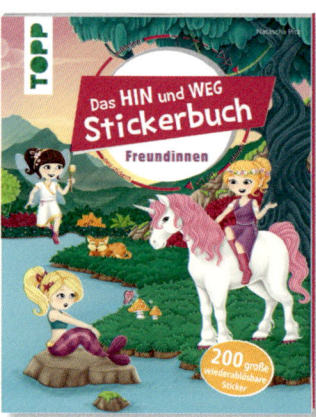

ISBN 978-3-7724-4979-6

Viele weitere Kreativ-Bücher findest du auf www.TOPP-kreativ.de

Die Autorin

Katja Enseling, Sternzeichen Schere, Aszendent Klebepistole konnte schon immer alles gebrauchen, was eigentlich in den Müll sollte. Zwischen Gläsern und Kistchen voller gesammelter Materialien heckt sie Bastelideen, Illustrationen und Kunstwerke aus. Auf ihrem Blog Honigkukuk.de zeigt sie Ideen aus ihrer Bastelwelt und lädt herzlich zum Mitmachen ein. Aufgewachsen in einem westfälischen Dorf, zog es sie zum Designstudium nach Münster und danach ans Mittelmeer. In Barcelona arbeitete sie eine Weile in einem deutsch-katalanischen Kinderladen, bevor sie als Illustratorin tätig wurde. Inzwischen lebt sie mit ihrer Familie im Münsterland, schreibt Bastelbücher und bietet in ihrem „Atelier für Kunst & kreatives Chaos" in Nottuln eine Kunstwerkstatt für Kinder und Upcycling-Workshops für Erwachsene an.

#TOPPPROJEKT

Die eigene Kreativität zeigen: TOPPprojekt mit anderen Kreativen teilen und Teil der Gemeinschaft werden.

DIY-begeistert und auf Instagram? Dann unbedingt mitmachen! Hier gibt's Tipps und Feedback zu den eigenen Projekten. Außerdem verlosen wir jeden Monat ein Überraschungspaket. Um am Gewinnspiel teilzunehmen, einfach ein Bild vom Kreativ-Projekt aus unseren Büchern mit #TOPPprojekt posten und unserem Account @frechverlag folgen. Mehr Infos auf TOPP-kreativ.de/TOPPprojekt

Mach mit beim
#TOPPPROJEKT
#TOPPprojekt
@frechverlag

Website
Auf TOPP-kreativ.de kannst du ein riesiges Angebot von über 1.000 Kreativbüchern, Sets & mehr entdecken.

Newsletter
Gleich anmelden unter: TOPP-kreativ.de/newsletter und immer als Erstes von unseren Neuheiten und Sonderaktionen erfahren.

Instagram
@frechverlag

DigiBib
Hier findest du zusätzlich zu vielen unserer Bücher digitale Extras, wie Video-Tutorials, Plotter-Dateien, Vorlagen, Übungsblätter & vieles mehr. Einfach im Impressum deines TOPP-Buchs den Freischalte-Code nachschlagen und exklusive Inhalte freischalten. TOPP-kreativ.de/digibib

Pinterest
pinterest.com/frechverlag

Facebook
facebook.com/frechverlag

Youtube
youtube.com/frechverlag

Wer wir sind, wie wir arbeiten, was wir lieben …

Auf Instagram, Facebook und Pinterest findest du mehr über uns und unsere Arbeit und wirst immer schnell und einfach mit den neuesten Infos versorgt.

Alle News, alle Infos und alle Links findest du auf www.TOPP-kreativ.de

Danke

Ein ganz herzliches Dankeschön geht an die Firma Rayher Hobby GmbH, Laupheim, für die großzügige Versorgung mit Kreativmaterial, sowie an UHU für die tolle Klebstoff-Ausstattung. Außerdem danke ich Nele Schlötzer und Nele Thiemann für die wunderbare Zusammenarbeit. Und ganz besonders danke ich natürlich meiner Familie, die während der Arbeit an diesem Buch all meine Ohrwürmer und das ganze Bastelchaos ausgehalten hat – ihr seid die Besten!

Kreativ-Hotline

Hilfestellung zu allen Fragen, die Materialien und Bücher zu kreativen Hobbys betreffen: Wir beraten Sie. Rufen Sie an oder schreiben Sie eine E-Mail!
Telefon: 0711 / 123 757 20*
E-Mail: mail@kreativ-service.info

*normale Telefongebühren

MODELLE: Katja Enseling
FOTOS: frechverlag GmbH, 70499 Stuttgart; Schrittfotos: Katja Enseling; Autorenfoto: Ruth Niehoff; restliche Fotos: lichtpunkt, Michael Ruder, Stuttgart
PRODUKTMANAGEMENT: Nele Schlötzer
LEKTORAT: Nele Thiemann, Leipzig
COVERGESTALTUNG: Tatjana Weiß
HERSTELLUNG: Jessica Siebert
LAYOUT UND SATZ: Melanie Everding-Hackmann, FSM Premedia GmbH & Co. KG
NOTENSATZ: Dr. Eberhard Enß, primanota GmbH
DRUCK UND BINDUNG: Neografia, Slowakei

1. Auflage 2021
© 2021 frechverlag GmbH, Turbinenstr. 7, 70499 Stuttgart
ISBN 978-3-7724-4398-5 • Best.-Nr. 4398